谷開來謀殺案

俞英達 著

圖景出版

一件影響中國歷史的情殺案……

谷開來謀殺案

書名 谷開來謀殺案

作者 俞英達

責任編輯 劉義府

國際書號 978-1-921815-17-1

版次 2012年5月第一版

定價 港幣130元

出版 圖景出版公司

panoimages@gmail.com

目錄

楔子

「拉大鋸，扯大鋸，姥姥家門口唱大戲。」這首流傳在北京大街小巷的童謠至今已經有一百年的曆史了。多少年來，這童謠口口相傳，哪一個媽媽都唱過，哪一個孩子都聽過，是當今最為流行也最單純的民間文化。

唱的人多，改的人也多，現編現唱，隨口加詞，使得每個人嘴裏唱出來的都不盡相同。不過，無論怎么改，前面作為「起興」的這句「拉大鋸，扯大鋸，姥姥家門口唱大戲」卻從來沒有人改過。原因很簡單，因為它太通俗了，太上口了，而且「姥姥家門口唱大戲」為下文留下了無限可以發揮的空間。那「大戲」可文可武，可長可短，戲裏戲外都可以大作文章。

進入龍年——二零一二年，「姥姥家門口」的中國大舞台「大戲」一直不斷，而且花樣翻新，高潮疊起，驚心動魄，可以說是史無前例。中國的民眾飽了眼福，開了眼界。有幾個名字人們記住了，一個是文醜，名叫薄熙來；一個是花旦，名叫谷開來；而為這兩位「大軸」墊場的則是一名武丑，名叫王立軍。

咱們這本書，說的就是谷開來的故事。

第一章

王立軍爆出驚天案
中紀委批捕谷開來

王鵬飛相助王立軍出逃

二零一二年二月二日，重慶市政府決定免去王立軍市公安局長職務，改為專門分管文教科技的副市長。就在這個決定公布的那一刻起，王立軍便萌發了進入外國使領館避難的念頭。因為，他身邊包括司機、秘書在內的十三名工作人員相繼突然失蹤。他的眼線傳給他的消息是：這些人都是薄熙來派人抓的，目前正在被秘密關押審查。

當天，王立軍用別人的電話聯系了英國駐重慶領事館，說是要談與英國教育交流的問題，並約定兩天後赴領事館面談。打過這個電話之後，王立軍突然感到不妥，甚至有一種莫名其妙的恐懼。他感到自己也許鑄成了大錯。此時，他心亂如麻，無法使自己鎮定下來。根據以往多年的公安經驗，他強迫自己留

王立軍

在家中，什麼也不做，以免在思維混亂之下，出現不可挽回的錯誤。

在沙發上整整呆坐了半天之後，他打電話給自己的死黨、重慶渝北區公安分局局長王鵬飛，說是離任前有未了案件要向他交待，要他立即來一趟。這個王鵬飛是王立軍手下的第一得力幹將，也是王立軍從遼甯帶到重慶的「鐵杆兒」。他於上個世紀八十年代末畢業於中國刑事警察學院，曾長期在遼甯省鐵嶺市公安系統任職。先後擔任過鐵嶺縣公安局局長、鐵嶺市公安局副局長、盤錦市公安局副局長，跟王立軍在鐵嶺多年共事。王立軍調任重慶後，王鵬飛於二零一零年末重慶「打黑」進入尾聲時，調到重慶市公安局任職。二零一一年二月二十七日，王鵬飛由重慶市公安局調任渝北區公安分局局長；二零一一年八月二十五日，兼任渝北區副區長。

王鵬飛半小時後便走進王立軍的家門。兩人抽出手機的電池、確認不可能被監聽談話後，王立軍告訴他，薄熙來要對自己動手了，迫不得已，自己決定出逃外國領事館，曲線進北京，檢舉薄熙來無法無天的驚天大案，拼個魚死網破。王立軍說，自己腦子全亂了，想不出如何躲過薄熙來的追殺，所以請作為刑偵專家的王鵬飛幫助實際一套萬無一失的出逃方案。

王鵬飛首先否決了進入英國駐重慶領事館的計劃，原因是在重慶市內，薄熙來什麼都敢幹，說不定會派人衝進領事館抓人，而且英國實力不行，恐怕不敢為王立軍提供保護。他建議，既然要闖外國領事館，幹脆就闖美國駐成都的領事館，那樣保險系數高，震動也大。接著，他用了兩個多小時，幫助王立軍詳細設計了一套出逃方案，並且在幾個重要環節都制定了應急方案。

後來，王立軍基本上是按照王鵬飛的方案行事，最後成功逃出重慶，進入美國駐成都領事館的。

在王立軍私入美國領事館的事件發生後，二月十五日，有重慶市委的工作人員在互聯網上爆料說，重慶市渝北區公安

王立軍的死黨王鵬飛

分局局長王鵬飛因涉及王立軍事件，已經被有關部門雙規。當天，重慶市渝北區區長黃玉林通過媒體向外界「辟謠」，稱王鵬飛被調查的消息不實。黃玉林表示：「關於渝北區副區長、公安分局局長王鵬飛，因重慶市副市長、前公安局局長王立軍事件被調查的信息，為不實消息。」他還說：「今天（二月十五日）王鵬飛還參加了區裏的會議，他的工作生活目前都很正常。」

真實情況是：王立軍出走美國駐成都領事館的第二天，作為王立軍得力助手也是親密戰友的王鵬飛，其行蹤立即被薄熙來秘密控制。薄熙來為了不給外界造成他肆意抓捕的口實，還是允許王鵬飛在可以控制的範圍內具有一定自由。但是，二

重慶市渝北區區長黃玉林

月十五日上午，就在薄熙來決定對王鵬飛采取進一步措施的時候，消息人在網上爆出，引起社會各界包括國際社會的廣泛關注。於是，薄熙來一邊命令渝北區區長黃玉林公開出來辟謠，稱王鵬飛上午還出席了渝北區的區長辦公會，一邊於當天晚上對王鵬飛采取了秘密綁架行動。王鵬飛先是被軟禁在重慶一處部隊招待所，之後又轉移到距重慶幾百公裏外的成都關押。

而關於薄熙來綁架王鵬飛的原因，是他懷疑王鵬飛親自參與並共同策劃實施了王立軍夜闖美國領事館的行動。雖然那次王鵬飛與王立軍有關出逃計劃的密謀內容，薄熙來並不了解。但是，負責監視王立軍的暗哨，卻向薄熙來報告了王鵬飛曾在二月二日私訪王立軍。薄熙來及其同黨認定，王鵬飛在王立軍面對生死存亡的重要關頭，作為與王立軍多年共事、出生入死、血性忠勇的兄弟戰友，曾經出手幫助他出逃，為其提供了汽車和臨時通訊設備。

薄熙來在綁架王鵬飛後，想盡一切辦法、軟硬兼施讓王鵬飛交代是否參與了王立軍出走事件，並交代王立軍出走的具體細節。薄熙來尤其需要了解的是，王立軍究竟交給了美國領事館哪些不利於自己政治生命的材料？這些材料除了王立軍以外，還有哪些人有備份？

另外，薄熙來還想通過王鵬飛，了解王立軍通過王鵬飛的手下，還掌握哪些能致薄熙來於死地的絕密材料？面對薄熙來的同黨，刑警和技偵出身的王鵬飛絲毫不肯透露任何內容，薄熙來暴跳如雷，如熱鍋上的螞蟻。「兩會」結束後的第二天，薄熙來被宣布免職。王鵬飛的境遇得到轉機，被從成都的秘密關押地點轉移回重慶。對他的調查也按照相關程序，交由重慶市紀檢委負責。

總領事何孟德迎來不速之客

二月五日這一天，王立軍按照計劃，吩咐太太向朋友借來一部手機，用來同成都美國領事館取得了聯系，並且直接同總領事何孟德通了話。他表示，電話裏不方便說詳情，他希望到領事館內與總領事面談，而美國肯定會對面談的問題感興趣。何孟德答應了王立軍的面談要求。

二月六日，王立軍若無其事地照常上班。他下班回到住所後，化裝改扮，啟動由王鵬飛為他早已備好的一輛普通牌照汽車，從容駛出住所。他駕車在市內兜了幾個圈子之後，便突然駛上成渝高速公路，向成都方向疾駛而去，並在當晚八點多鍾順利進入美國駐成都領事館。

美國駐成都總領事何孟德事先並不知道王立軍究竟會與他談什麼問題。但王立軍在晚上九點多鍾進入領事館，讓他預感到事件可能非同尋常。他與王立軍見面後，王立軍先是謹慎地以重慶副市長的身份，與他談了有關合作交流事項；隨後突然提出避難的請求。他表示，鑒於已經遭到薄熙來的追殺，決定向美國申請政治庇護。何孟德追問薄熙來為什麼會追殺他。王立軍的一句話讓何孟德驚出一身冷汗。王立軍說：薄熙來和妻子谷開來涉嫌殺害了英國人海伍德，並且焚屍滅迹，再利用

美國駐成都總領事何孟德

職權以「飲酒過量」作為致死原因搪塞外界，負責屍檢的民警已經被「失蹤」，懷疑已經被滅口。

何孟德追問王立軍，有什麼證據能夠證明自己的說法。王立軍拿出了一個電腦U盤，那裏面有刑偵處民警在死亡現場進行初步勘察後向他作彙報的錄音。他還拿出了死者海伍德的血液樣本和頭發樣本，甚至還有海伍德一小塊皮肉組織的樣本等。

何孟德簡單聽了一下錄音，又看了看幾件樣本，確信王立軍所說確屬事實。何孟德向王立軍表示,因為他身份特殊,自己無法決定,需要請示北京的美國駐華大使駱家輝。駱家輝當晚十一點多接到何孟德的請示電話後,立即直接向白宮請示。

白宮命令:確保王立軍安全

一九八九年六四事件期間,中國著名異議科學家方勵之曾經到美國駐華使館避難,美中兩國交涉許久,中國最終同意允許方勵之出境,經英國前往美國。這是中國人向美國使領館尋求庇護唯一的一個成功案例。白宮顯然知道把王立軍接到美國的難度,況且又正值中國國家副主席習近平即將訪美前夕。美國顯然不想為一個王立軍而搞僵同中國的關系。

二月七日淩晨五點,駱家輝直接電告王立軍:美國不能接受你的政治避難申請。但是白宮明確指示,必須要確保你的安全。所以,為保護你的安全,我們願意為你提供所需要的人道援助,請你提出要求。

王立軍立即表示,希望幫助他安全前往北京,直接向中國最高領導機關當面舉報薄熙來。同時,為了確保萬無一失,希望把他手中有關薄熙來、谷開來涉嫌殺人的證據制作一套副本,包括把死者的血液、頭發和皮肉樣本一分為二,留在美國領事館保管。駱家輝答應了他的要求,並在七日早上八點致電中國

美國駐華大使駱家輝

外交部，通報了情況，要求中國妥善安排，確保王立軍安全進京。中方中午由副外長崔天凱親自回電，感謝美方的善意，並保證滿足王立軍的要求。也就是說，中國官方包括重慶的薄熙來在內，是在接到駱家輝的電話通報後，才知道王立軍已經躲進了美國領事館。

七日早上七點左右，一夜未眠的何孟德正在陪王立軍共進早餐，駱家輝突然轉來白宮的密令，要求何孟德准備一套應急方案，以防中方突然變卦，使得王立軍遭遇不測。何孟德與王立軍商議後決定，由王立軍寫一份授權書，授權美國在中方未能保證自己安全的情況下，對外公布包括薄熙來夫婦涉嫌殺人在內的一系列證據材料。

王立軍的授權書除了文字版之外，還錄下了聲音版。在錄音版裏，王立軍憑自己的記憶，一一列舉了薄熙來夫婦近年來所犯下的一系列違法亂紀行為。不知不覺中，錄音版竟然錄下了長達兩個小時的內容。一直在一旁陪著王立軍的何孟德聽著王立軍緩緩道出的一樁樁事件，覺得簡直不可思議。他在錄音結束後對王立軍說，作為一個美國人，我實在搞不懂，一個有這麼多醜惡行為的政客為什麼會如此受到重用，而且還會繼續高升？

王立軍苦笑了一聲說，這就是中國的現狀。如果我不說，這些事你永遠也不會知道，外界也永遠不會知道！

海軍陸戰隊監督黃王會面

二月七日中午，薄熙來在接到北京的電話後才得知，王立軍已經進入了美國領事館。他立即下令市長黃奇帆率領警車直撲成都，要求他無論采用什麼手段，都要把王立軍帶回重慶。其實，北京方面在電話裏已經告訴他，國安部一個小組已經啓程前往成都處理事件，要求他不得隨意行動。但是，薄熙來不想讓王立軍落在國安部手裏。所以，要黃奇帆搶在國安部之前，把王立軍搶到手。

重慶到成都的高速公路距離將近三百公裏，黃奇帆率領的車隊大約下午五點左右趕到成都。由於四川警方提前接到命令，不得讓重慶警車接近美國領事館，所以派出大批警車將重慶車隊堵截在距離美國領事館幾個街口之外。但是黃奇帆乘坐的一輛車卻獲准開到領事館門前。

黃奇帆以重慶市長的身份要求進入領事館與王立軍會面。何孟德問王立軍是否願意見黃奇帆？王立軍堅決地搖頭表示，除了北京來的人，其余人一律不見。但是，門外的黃奇帆一再堅持要見王立軍，並且威脅說，如果不給他這位市長面子，以後重慶無論是在經貿合作還是其他關系方面，都不好再同美國合作了。

何孟德顯然也不希望與黃奇帆把關系搞僵，便勸王立軍不妨當面聽聽黃奇帆的態度。王立軍勉強同意了。會面安排在領事館內的一間小會客室舉行，何孟德特地要負責保衛領事館安全的兩名美國海軍陸戰隊軍人，在會客室內現場監督會面，以防不測。

黃奇帆與秘書與王立軍面談了不到兩個小時，核心內容是要王立軍與他一道返回重慶，並且對他保證，不會對外聲張這次事件，一切只當從來沒有發生過。他並且轉達了薄熙來的口信：只要回去，無論提什麼要求，甚至包括恢複公安局長職

黃奇帆

務都好說。兩名在場的美國海軍陸戰隊員不懂中文，並不知道他們都說了些什麼。但是，他們後來告訴何孟德，黃奇帆一直在和顏悅色地勸說王立軍，但王立軍則鐵著臉一再搖頭。

兩人還沒有談出結果，國安部小組已經乘飛機抵達成都，並且來到領事館門外，領頭的負責人是國家安全部副部長邱進。這邱進以往曾經在開會時與王立軍相識，又曾經一道辦過幾個案子，算是位老熟人。王立軍對邱進來處理他的事件表示滿意。

邱進一進入小會客室，王立軍便立即對黃奇帆下了逐客令，表示他只想單獨與邱進談。黃奇帆無奈，只好退出領事館，在門外的車裏等候消息。而領事館內，邱進同王立軍的會面，在美國海軍陸戰隊員的現場監視下，持續了整整五個多小時。

向邱進托出海伍德命案

邱進在黃奇帆離開之後的第一句話，就是以朋友的身份對王立軍說，你老弟怎麼會整出這麼大的動靜？不就是個調職嗎，這能算什麼大不了的事？

王立軍告訴他，自己身邊的十幾個人被抓，其中兩個人可能已經被刑訊致死，一個人自殺。自殺者死前留下一份遺言，說明自己就是因為參加了二零一一年十一月十五日英國人海伍德命案的現場勘查，而且又不肯在「酒精過量致死」的警方結論書上簽字，所以才被市委書記抓來滅口。自己不得已被迫自殺。

當天上午才接到這一緊急任務的邱進，在前往成都的飛機上，曾經反複設想過王立軍進入美國領事館的原因與動機。他判斷大概是王立軍與薄熙來之間發生了衝突，有「彪子」之稱的王立軍一怒之下才進入美國領事館。他設想過王立軍手裏可能會有些不利於薄熙來的證據，證明薄熙來及家人可能涉及

中共國家安全部副部長邱進

貪汙腐敗。對此，他已經考慮了一套應對策略，用來說服王立軍。但是，他萬沒想到王立軍掌握的竟然是薄熙來夫婦涉嫌卷入一樁涉及外國人的凶殺案件。因此，他急忙向王立軍細問究竟。

於是，王立軍便從二零一一年十一月十五日，重慶市南山麗景渡假酒店的命案勘查說起。那天中午，南山麗景渡假酒店向警方報案，英國人海伍德被發現在酒店房間內死亡。公安局刑偵處按照慣例立即前往現場勘查。初步勘查記錄顯示，死者大約前一天晚上死亡，死因可疑，因為死者有不太明顯的中毒症狀，建議立即作解剖檢驗以確定真正死因。

在屍體等待解剖之際，刑偵處同時對案件展開了初步調查，結果發現死者生前最後接觸的幾個人中，一個是薄熙來的太太谷開來，另外一個就是薄熙來的勤務秘書張曉軍。也就是說，這兩人是重大嫌疑人。刑偵處得知這一情況不敢怠慢，急忙向王立軍彙報，請示如何處置。王立軍也吃驚不小，便親自重新勘察現場，提取相關證據。值得注意的是，王立軍自己提取的證據及自己記下的勘查記錄，並沒有放入刑偵處的案卷記錄中。隨後，王立軍向薄熙來彙報。結果，薄熙來要求他無論如何將事件「擺平」。

薄熙來的態度讓王立軍大感意外。他直言案件人命關天，自己無法一手遮天。不想薄熙來大怒，大罵王立軍是條沒用的狗，並且讓他滾出去。薄熙來當時還說，你既然擺不平這件事，我就派別人去擺平！

王立軍強壓憤怒，沒有再說一句話就走出了薄熙來的辦公室。但是，大約半個小時之後，薄熙來又打電話叫他過去。再次進入薄熙來的辦公室，王立軍發現薄熙來的情緒顯然平複了很多。他首先道歉剛才的不冷靜，然後表示同意公安局調查海伍德命案。他甚至還表示，如果證實案件是谷開來所為，他會讓她受到懲罰。

但是第二天，不知為什麼，遠在幾千裏之外的大連市國安

英國人海伍德被發現在酒店房間內死亡

局突然出面，以「案件涉及他們追蹤的一起涉及國家安全的間諜案」為由，將屍體接管，並以「酒精過量致死」作為死因，強行阻止解剖驗屍，便將屍體火化。

最終，現場勘查的刑偵處民警拒絕在死因一欄簽字。他們並且將現場勘察時提取的死者血液、頭發及皮肉組織樣本，作為關鍵證據保留下來。刑偵處包括處長在內的幾位權威刑偵專家都認為，死者有中毒迹象，應該是屬於他殺。但大連國安局強行以飲酒過度、意外死亡作為死因，難以令人信服。而且，刑偵處悄悄對死者血液及頭發樣品作了化驗分析，發現死者體內帶有一種微量毒素。但一時未能確定是哪種毒素。

薄熙來在發現刑偵處繼續就案件暗中調查之後，認為是王立軍在與他作對，於是便不顧中央政法委規定的省級公安廳（局）長任免程序，不經報請公安部批准，便突然免去王立軍的公安局長職務，並關押了解案情的人士，企圖封住他們之口。

最讓王立軍震驚的是，薄熙來在關於免除王立軍公安局長職務的會議上說，王立軍任公安局長多年，打黑的壓力很大，快要無法負荷了，所以要調到責任輕一點的職務。他有憂鬱症，有憂鬱症的人，是很容易這樣。說到這裏時，他用手指比著頭腦，作出舉槍自殺的模樣。

王立軍得知薄熙來的原話後，感到澈骨的寒冷，他確信自己將成為下一個滅口對象，將會「被自殺」，因此決定進京舉報薄熙來的無法無天。但因為擔心自身安全，所以才闖入美國領事館。希望把事件鬧大，以便「曲線進京」。

王立軍此時並沒有告訴邱進，他曾經向美國領事館請求政治庇護，美國領事館自然也沒有透露他們拒絕了王立軍的庇護事情。整個事件聽上去，完全象是王立軍只是為了安全，而把進入美國領事館作為進京揭發薄熙來的重要跳板。

布疑陣進京防不測

王立軍的講述讓邱進大感意外。他意識到，問題的嚴重程度遠遠超出自己最初的預計。根據王立軍的講述，以及拿出的幾件關鍵證據，邱進初步相信王立軍進入美國領事館的動機不是為了「叛逃」，而是為了安全進京，揭發薄熙來。

邱進當天上午接到自己的上司、國家安全部長耿惠昌親自打來的電話，要他立即到中南海面見中紀委書記賀國強，接受緊急任務。在賀國強那裏，邱進簡單了解了事件經過。賀國強當時向邱進強調，他的任務只有一個：說服王立軍自動走出美國領事館，並且把他安全帶回北京。為此，賀國強代表中共中央政治局常委會向邱進授權：為使事件順利平息，可以滿足王立軍提出的任何要求，可以向美國領事館提供確保王立軍安全的書面保證；為保證王立軍平安回到北京，邱進必要時可以調動四川公安、國安、民航、鐵路、公路，甚至成都軍區予以配合。

但是，賀國強當時只是預計，王立軍「叛逃」可能起因於與薄熙來的權力鬥爭，並沒有提到王立軍可能掌握薄熙來及家人涉嫌殺人案的問題。如今問題明顯升級，危險性與嚴重性都大大超出了最初的估計。邱進意識到，如果薄熙來意識到王立軍握有能夠置自己於死地的證據，那麼他很有可能會利用自己的權力與活動能量，不惜代價阻止王立軍進京，殺人滅口，毀掉證據；自己作為聽取了王立軍全盤講述的唯一一位北京官員，很有可能也被列在薄熙來的「必殺」名單上。這樣一來，自己一旦和王立軍走出美國領事館，便會立即面對危險。

邱進略微考慮了一下，便當著王立軍的面，撥通了臨行前賀國強留給他的一個緊急電話。在通話時，邱進簡單彙報了王立軍講述的新情況，並表示按照自己的初步判斷，王立軍進入美國領事館的目的，是為了能夠活著揭發薄熙來；邱進還說出了自己的擔憂，並請求指示。賀國強在電話中要求他，只有在制定好萬無一失的計劃之後，才能與王立軍一道走出美國領事館。在電話中，賀國強還告訴邱進，已經通知四川省和民航、鐵路以及成都軍區全力配合他行動。還有最重要的一點是，中紀委已經電告薄熙來，王立軍事件完全由中央處理，他本人和重慶方面不得插手。

邱進當著王立軍的面給賀國強打電話，這大大緩解了王立軍的緊張情緒，也讓他對邱進的信任感大為加強。所以，在邱進掛斷電話之後，王立軍便向他表示，自己會和他一道走出領事館，前往北京。這是在邱進與王立軍連續交談幾個小時之後，王立軍首次明確表示會自動離開美國領事館。

邱進聞言，有一種如釋重負之感。但他在外表上卻絲毫沒有流露中松了口氣的神態，反而向王立軍說出了心中對薄熙來的擔憂，並請王立軍與他一道設計一下安全進京的方案。邱進的這一態度讓王立軍大感寬慰。在接下來的大約兩個小時裏，王立軍與邱進完全站是在同一立場上，象兩位搭檔一樣，制訂了一項周密的進京方案。

深夜兩點多鍾，在王立軍進入美國領事館三十多小時之後。邱進陪同王立軍走出美國領事館，乘上邱進要四川國家安全廳事先安排的一輛無標志越野車，在幾部其他車輛護擁下駛去。同時，另外一隊同樣車型與數量的車隊也駛離美國領事館。兩個車隊在中途分開，駛往兩個不同方向。由於當時是漆黑的深夜，沒有人能夠判斷出王立軍究竟在哪個車隊中。當夜，王立軍秘密住到四川省國安廳的一處不起眼的別墅裏。

也是在當夜，邱進立即打電話給成都軍區空軍，要求准備一架專機，當天（二月八日）上午十一點待命，准備把一位重要人物送往北京。對方顯然已經提前接到了通知，所以沒有任何猶豫就答應了。接著，邱進又打了另外一個電話給鐵道部，要求安排當天由成都發北京的動車提供一節車廂。對方也同樣答應安排。然後，邱進查閱了民航局關於當天從成都飛往北京的航班，發現竟然有七八個航班可以選擇，這讓他感到很高興。

二月八日中午，成都軍區派出的一架專機，載著四川省國

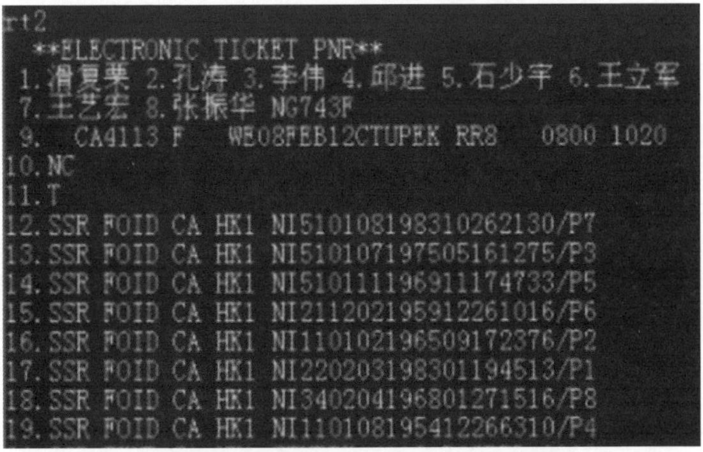
rt2
ELECTRONIC TICKET PNR
1.滑复莱 2.孔涛 3.李伟 4.邱进 5.石少宇 6.王立军
7.王艺宏 8.张振华 NG743F
9. CA4113 F WE08FEB12CTUPEK RR8 0800 1020
10.NC
11.T
12.SSR FOID CA HK1 NI510108198310262130/P7
13.SSR FOID CA HK1 NI510107197505161275/P3
14.SSR FOID CA HK1 NI510111196911174733/P5
15.SSR FOID CA HK1 NI211202195912261016/P6
16.SSR FOID CA HK1 NI110102196509172376/P2
17.SSR FOID CA HK1 NI220203198301194513/P1
18.SSR FOID CA HK1 NI340204196801271516/P8
19.SSR FOID CA HK1 NI110108195412266310/P4

邱進和王立軍乘坐的的民航航班信息

安廳一個五人「替身小組」飛往北京；下午，另外一個「替身小組」登上了動車一節專列車廂駛往北京。而在動車還沒啓動時，一架客機已經載著邱進和王立軍一行五人在成都機場起飛，前往北京。兩個半小時之後，航班在首都機場降落後，並沒有立即駛往航站樓，而是停在了機場停機坪的一個角落。坐在商務艙裏的邱進、王立軍等人率先走出機艙，迅速鑽進了早已等候在那裏的汽車裏。此時，不知從哪裏冒出了幾名與王立軍一行穿著打扮完全一樣的人士，他們也匆匆鑽進了另外幾部車裏。

當兩組一模一樣的車隊從停機坪駛上公路時，沒有人能夠斷定王立軍究竟是在哪個車隊的哪部車內。四十分鐘之後，賀國強接到邱進報告，已經將王立軍安全帶到國安部位於北京郊外的一處秘密據點。邱進並且報告，途中沒有發現任何可疑情況，看來擔心的對手並沒有采取任何動作。

交出海伍德命案鐵證

王立軍安全進京的第二天，胡錦濤召集政治局常委會，決定設立專案組，對王立軍事件展開徹底調查。至於處理意見，則要等調查取得一定進展之後再另作討論。專案組由中紀委書記賀國強挂帥，成員則包括中紀委、國家安全部、中組部三個方面。

專案組組成的第一天，就對王立軍展開了密集調查。事實上，中紀委過去幾年曾經陸續收到過一些有關王立軍的據報材料，其中涉及的內容既包括他在遼甯任職期間的貪腐問題，也包括他在重慶期間的「黑打」問題。而在「黑打」問題中最為嚴重的，包括李莊律師案以及李俊案。但是，所有這些問題與英國人海伍德命案相比，顯然都退居次要地位了。

確實，當王立軍首次面對專案組調查人員時，他講述的第一重點便是海伍德命案。

王立軍說，刑偵處民警對死者現場的勘查及初步調查，都把懷疑目標引向薄熙來的家人及身邊工作人員。這讓他感到十

南山麗景渡假酒店

分震驚，為確保其中沒有差錯，他自己有親自到現場作過實地勘察，也查驗過海伍德的屍體。

綜合自己的調查以及刑偵處的現場勘查記錄，他所掌握的情況是，海伍德是從北京應約飛抵重慶的，而約他的人便是薄熙來的太太谷開來。他於二零一一年十一月十一日抵達重慶之後，便入住了希爾頓酒店。但是谷開來卻沒有立即見他，而是讓他一個人在酒店呆了兩天。那兩天，海伍德曾經與早先認識的重慶朋友聯系，但似乎沒有聯系到人。直到十三日，谷開來派人把海伍德接到另外一家酒店——南山麗景渡假酒店。

那個酒店地處重慶郊外，相對來說比較偏僻。當晚，谷開來到酒店與海伍德會面，談了什麼則不清楚；轉天，也就是十一月十四日，谷開來沒有在酒店出現，海伍德也沒有離開酒店。但晚飯時，有服務員回憶，海伍德曾經同幾位朋友就在酒店餐廳用餐，飯後便回了房間。曾經有與他一道用餐的朋友陪他回到房間，具體幾個人不祥。他們回到房間後，好象喝了一點酒。隨後，朋友就離去了。

轉天中午服務員敲門打掃房間，卻怎麼也無人回應，服務員以為客人已經出門，便用備用鑰匙打開房門，赫然發現海伍德倒在地毯上，早已沒有了呼吸，便急忙報警。由於是涉及外國人的人命大案，所以由市公安局刑偵處直接到場調查。現場記錄顯示，屍體沒有外傷，死者在死前肯定喝過酒，所以滿身酒氣；現場還有一支幾乎空的酒瓶。那是一瓶二零零零年的法國紅葡萄酒。根據死者屍體的體溫和僵硬程度判斷，死者應該是死於前一天晚上十一點左右。

死者是倒在房間的地毯上，頭朝向房門，有明顯的爬行痕迹，顯示他死前可能希望打開房門求救。死者左手緊緊揪著胸前的衣服，這是心髒病突發時，所有人的本能反應，說明死者的直接死因可能是心髒病發作。而且，死者屍體上並沒有中毒而死的明顯迹象，如果不仔細檢查，便很容易得出心髒病發作而死的結論。再加上死者曾經喝過紅酒，酒精過渡引發心髒病便更加合情合理。

但是，刑偵處在對現場酒瓶和酒杯殘留物的化驗卻發現了問題：酒瓶中的殘留物是正常的，但酒杯中殘留物卻與酒瓶殘留物略有不同。確切地說，酒杯內的殘留物比酒瓶內殘留物多了一種少見的化學元素。這種元素究竟是什麼，刑偵處化驗室還一時無法確定。但可以肯定，那絕不是紅酒中應該有的元素。這說明是有人在死者的酒杯裏作了手腳。循著有人下毒這個思路追查下去，刑偵處對海伍德的血液和頭發樣品作了化驗，發現他體內帶有一種微量毒素，與在酒杯殘留物內發現的化學元素吻合。由此可以斷定，海伍德是被人毒死的。

繼續調查發現，海伍德最後接觸的人士，就是死亡當天與他共進晚餐的幾位朋友，其中一人便是薄熙來的勤務秘書張曉軍。根據翻閱酒店的自動錄像，好象曾經被人動過手腳，未能錄下當天的情況。但據當晚值班的前台服務員回憶，張曉軍在晚餐後曾經陪同海伍德回到房間，大約一個小時以後離去，與他同行的應該至少還有一個人，但身份不祥。也就是說，張曉軍與那個人很有可能就是毒死海伍德的凶手。

負責調查案件的幾位偵察員發現這一情況後嚇了一跳，不敢再繼續查下去，便急忙彙報給頂頭上司、重慶市公安局副局長兼刑偵處長郭維國。郭維國同樣也嚇了一跳，便急忙向局長王立軍報告。王立軍接到報告後，也就是在發現海伍德屍體的當天，便趕到現場親自勘查一番。他除了再次提取海伍德的頭

重慶市公安局副局長郭維國

發、血液等常規樣本之外，還特意讓法醫提取了一小塊海伍德皮肉組織的樣本。在確認刑偵處的勘查無誤之後，立即找到薄熙來，向他彙報，並請示處理辦法。

關於海伍德被毒殺的經過，英國《每日電訊報》在二零一二年四月二十四日報道說，美國外交官獲得案件的陳述顯示，薄熙來的妻子谷開來向警方承認，當英國商人海伍德在重慶一家飯店裏被毒死時，她當時就在房間裏。該報引述所謂「外交消息來源」說：「當時的場面非常可怕，海伍德把氰化鉀吐了出來，他們就給他灌更多的毒藥。」而王立軍在美國駐成都領事館內對美國領事官員說，谷開來承認她對這起謀殺案負責。她當時曾經連說三次：「這是我幹的。」報道還說，王立軍從酒店的監視器中看到，谷開來是最後一個離開海伍德酒店房間的。

同一份報道甚至還引述了所謂「王立軍的說詞」，形容谷開來是以自己過生日為由，以老情人關系，要求與海伍德單獨相處，把所有人都支開，還特地煲了湯，帶到飯店去請海伍德吃。她叫薄熙來的警衛張曉軍去買毒，把毒下在湯裏，海伍德不知道，喝下湯，立即斃命。她是眼看著他的死亡後，收拾好湯鍋和物品，才離開了房間。

英國《每日電訊報》這項報道的可信度究竟有多少，實在令人懷疑，因為以谷開來的智力水平，如果要想殺死海伍德，絕不需要她自己親自動手，親自「煲湯下毒」，又被酒店監視器拍到最後一個離開現場。這種天方夜譚般的情節編造，也許更適合於影視情節。但是，安在谷開來身上則難以符合這個人物的行為邏輯。

實際情況是，王立軍在確認海伍德命案的所有證據都顯示張曉軍、谷開來可能是殺人凶手之後，自己也吃驚不小。他不敢擅作主張，便立即向薄熙來彙報。但生性多疑的王立軍在與薄熙來對話時，悄悄作了錄音。結果記錄了薄熙來如何讓他「擺平」事件，他又如何認為這樣做不可行，結果遭到薄熙來

1 THE OLD HARROVIAN

Jaguar-loving, chain-smoking Old Harrovian businessman Neil Heywood, an international relations graduate, went to China in the early Nineties, initially to study Mandarin. He then began teaching English in the seaport of Dalian in North-East China where he met the then mayor, Bo Xilai, after offering to promote the area. According to the latest accounts, Bo's wife Gu Kailai introduced Mr Heywood to his future wife Wang

2 THE STAR POLITICIAN AND HIS AMBITIOUS WIFE

Charismatic politician Bo and his wife Gu, a Peking university graduate and a formidable lawyer, were rising stars in the Chinese hierarchy, sometimes described as the 'Jack and Jackie Kennedy of China' with Bo tipped to join the top ranks of the Communist party before he was sacked as local leader last month. According to new accounts, Heywood began an affair with Gu and helped her to spirit nearly £800million in assets out of China. In 2010, he told friends he feared for his life after falling out with the family.

英國《每日電訊報》在報道關於海伍德被毒殺的經過

痛罵，薄熙來更表示會另外找人「擺平」事件。雖然薄熙來後來確實曾經改口允許王立軍調查案件，但那只是為安撫王立軍才講的一句空話。實際上，他卻找來了大連國家安全局的人，完全接手案件調查，說海伍德為英國間諜機關工作，已經被他們追蹤多年，所以這個案件由他們處理。而重慶公安局副局長郭維國顯然是得到了薄熙來的直接指示，下令不作法醫解剖並將屍體火化。但是幾位辦案警察都拒絕在經過修改的現場筆錄上簽字。最後，都是由郭維國一人簽字。

第二天，有人見到薄熙來的太太谷開來在重慶一個咖啡館裏與海伍德的妻子王露露會面，哭著請求她答應不作屍體解剖，立即火化。會面的結果是，王露露作為家屬，簽字同意火化。這樣，海伍德的身體便於死後第四天，也就是十一月十八日匆匆火化。英國駐重慶領事館的官員在接到通知後，參加了火化前的簡單儀式。海伍德的骨灰後來由他的姐姐帶回英國。

講述完全部過程之後，王立軍交給了專案組幾件「鐵證」，包括海伍德的血液和頭發樣本、海伍德酒杯殘留物、薄熙來要他「擺平」事件的對話錄音，以及酒店服務員證實張曉軍案發時曾經到過現場的指認錄音。

薄熙來的私人衛隊

拿到王立軍提供的過硬物證，便需要尋找相關認證，但專案組發現，王立軍所說的了解案情的人員已經全部失蹤的說法，確實不假。因為，曾經接觸過海伍德命案並且到過死亡現場勘查的五名警察都不知去向。王立軍自己身邊的十幾命工作人員也都逐一失蹤，不知去向。

這些人究竟去了哪裏？如果按照王立軍的說法，他們都是被薄熙來下令抓起來的，目的就是要殺人滅口，那麼是什麼人執行的抓人命令？抓到之後又被關在哪裏？

如果按照法律規定，只有公安局才有權力對人實行拘捕、關押。但是，抓捕公安幹警顯然不是由公安局的人執行的。中央專案組在拿到王立軍提供的證據之後，已經派人暗中赴重慶調查，並且曾經悄悄約見了被薄熙來任命取代王立軍的關海祥，結果關海祥竟然什麼都不知道。甚至對發生這樣的事震驚不已。

專案組繼續暗中調查才發現，原來薄熙來是動用了一支秘密組建的「私人衛隊」，由他們出面以這些人涉嫌貪腐為名，對他們實行了「雙規」。不過，名義上是「雙規」，實際上卻是拘捕。王立軍身邊的十幾個人遭到抓捕後，被關押在幾處不同地點，由薄熙來辦公室的人出面逐一審問。就是在這種審問期間，傳出兩人被折磨致死、一人自殺的消息。

薄熙來的這支「私人衛隊」對外挂的招牌是「重慶市委辦公廳秘書三處」。這是在薄熙來出任重慶市委書記一年多之後組建的。熟悉中國官場結構的人士都知道，各個省級黨委的辦公廳大都設有兩個秘書處，一般稱為「秘書一處」和「秘書二處」。其中「秘書一處」負責一般意義上的秘書處的工作，「秘書二處」專門負責省（市）委書記及副書記每天的活動日程，也就是說是為主要領導服務的。

但是，薄熙來卻偏偏又搞了一個「秘書三處」，而且十分是秘密地組建。即使是重慶市委辦公廳的工作人員，也未必知道

薄熙來擁有自己的私人衛隊

有這麼一個處，只有幾位秘書長知道這個根本在辦公廳內沒有辦公室的處。但他們也只是知道這是一個「涉及國家安全」的秘密機構，很有可能是國家安全局為了工作需要設立的。因為在市政府的辦公廳內，就曾經有過國安局的一個處，後來那個處被撤銷了。他們以為，市委的這個「秘書三處」是取代市政府那個被撤銷了的機構設立的。

實際情況是，這個有著四十多人的「秘書三處」，成員都是年齡在二十三歲到二十七歲之間的小夥子，個頭都在一米八左右。他們都是由重慶警備區按照特種兵的嚴格要求為薄熙來特招來的，他們中的絕大多數原先就是現役軍人。而這個「秘書三處」的辦公室，實際上也是秘密設在重慶警備區內部。至於重慶警備區如何會如此幫助薄熙來，本書下節將會詳悉解釋。這裏需要說明的是，「秘書三處」雖然配備有武器裝備，但是人事關系卻並不屬於軍方，也就是說，他們並不算是軍人。

不是軍隊，卻要合法擁有輕型武器裝備，那便只有公安局、國安局兩家才有這個權利。但是，薄熙來組建「秘書三處」開始，目的就很明確地要為自己秘密建立一支私人衛隊。所以他不能讓國安局、公安局的人知道，包括象王立軍這樣的「鐵杆」，也不能知道。因此，他把這支衛隊名義上挂在公安局的「一處」之下。這個「一處」在中共建政初期曾經稱為「政治保衛處」，是整個公安局內最主要、也規模最大的一個處。如今已經升級為副局級單位，對外稱為國內安全保衛局。

「秘書三處」雖然人事上挂靠在國內安全保衛局之下，但工資卻由財政局單列，不同公安局混在一起。王立軍曾經問起過在自己名下的這個機構，但薄熙來告訴他，那是國家安全局的一個機構，只是為了工作方便，打著公安局的招牌。王立軍便沒有再多問。其實，重慶市國家安全局卻根本不知道有這樣一個機構。

從二零零九年起，經過一年多的時間，薄熙來的私人衛隊

「秘書三處」組建完畢。這支衛隊有幾大紀律，其中列第一位的，就是必須不折不扣地聽從薄書記的指揮，而且也只服從於薄熙來的命令。

重慶警備區成為「薄家軍」

中央專案組發現，薄熙來的私人衛隊「秘書三處」的辦公室和總部，竟然設在隸屬於成都軍區的重慶警備區裏。而且那些被秘密抓捕的王立軍身邊工作人員，也都是被拒押在重慶警備區下屬的幾處營房裏。由此可見，薄熙來同重慶警備區的關系非同一般。

薄熙來生性多疑，為人狡詐，對誰都不能百分之百地信任。雖然王立軍一直是他身邊一個忠實打手，又是薄熙來特地把他從遼甯調來重慶的，但薄熙來也擔心他又一天也可能會叛變。所以，他才要瞞著王立軍，建立一支屬於自己的私人衛隊。組建不屬於王立軍公安局的武裝力量，薄熙來本來有兩個選擇：一是由武警協助，二是由軍方協助。重慶市有一支武警總隊，但是薄熙來與當地武警似乎沒有什麼交情。為了處理自己的「私事」自然不能貿然麻煩他們。反而重慶警備區司令員朱和平少將一直就是薄熙來的死黨，辦這種「私事」自然是非他莫屬了。

朱和平，一九五八年出生，江西宜春人。研究生學曆，軍事學博士學位。曾任武漢軍區陸軍第四十三軍某排排長，濟南軍區作戰部參謀，總參作戰部參謀，前中央軍委副主席張萬年的秘書。二零零七年任第十四集團軍副軍長。二零零九年十月任重慶警備區司令員。二零零五年七月晉升為少將軍銜。

這位朱和平時常會被人誤認為是朱德的孫子，其實他與朱德的孫子只是同名而以。朱德是四川人，這是舉國皆知的，但這位朱和平卻是江西人。偏巧朱德的孫子朱和平也是一位軍中少將，生於一九五二年，但只不過是在空軍服役。

朱和平結識薄熙來是在北京給張萬年作秘書期間，當時薄熙來正在擔任商務部長。野心勃勃的薄熙來充分利用在北京工作期間的便利條件，廣交朋友，四處結黨，其中也包括一批軍中的少壯派軍官。比他小九歲的朱和平就是在那個時期結識的。當時，薄熙來對他說，你是我認識的第二個朱和平，另外一個朱和平是朱老總的孫子。這朱和平連忙說自己可沒有那麽顯赫的家世，以後還要靠老兄多多提攜。

二零零九年，朱和平出任重慶警備區司令員，便立即同薄熙來打得火熱，兩人時常聚在一起，喝茶聊天。朱和平為了抱薄熙來的粗腿，一直對他表示需要幫忙只管開口，薄熙來當然也沒有虧待他。朱和平於二零零九年在薄熙來的幫助下，從發

成都警備區司令朱和平

展商那裏取得一塊優質地皮興建國防培訓館，從中一舉撈了上千萬元的好處。到二零一一年，重慶警備區營建資金一度多達二十七億元人民幣。但這筆錢並非出自成都軍區撥出的軍費，而是薄熙來以「支援軍隊建設」為名重慶財政開支中撥出的。

拿到這樣的好處，朱和平自然「知恩圖報」。他幾年來不但已經悄悄在私下裏幫助薄熙來「擺平」了好幾件事。不但協助薄熙來組建了「秘書三處」，並把其大本營設在警備區內，而且下令警備區軍法處要全面配合「秘書三處」。當地知情者曾經說，重慶警備區實際上已經成為薄熙來私人衛隊之外的一支更大規模的「禁衛軍」。果然，這支「禁衛軍」到了關鍵時刻再次出手，為了「擺平」海伍德命案，他們協助薄熙來的「秘書三處」出面抓人，並且提供設施關押被抓人員。

在薄熙來被停職之後，朱和平也被成都軍區停止調查。調查的重點不但包括他同薄熙來的關系，還有一系列貪腐問題。

王立軍進京一周後還發短信？

二月十五日，這天是王立軍被帶入北京接受調查整整一個星期的日子。就在衆多媒體對王立軍私自進入美國領事館的原因作出多種猜測之際，曾經與王立軍一直保持聯系並深獲其信任的《南方周末》駐京記者褚朝新，突然收到了一條由王立軍的手機發出短訊。這讓他大感驚訝。

褚朝新以往曾經多次當面采訪過王立軍，兩人似乎很談得來。王立軍更曾經多次向他爆料，包括「打黑」中涉及的一些案件內幕等等，但是一再囑咐他哪些東西千萬不能公開。雖然褚朝新在以往撰寫的報道中一直按照王立軍的要求、沒有披露有關內幕，但由於他是在知道了內幕的情況下撰寫報道，所以能夠公開披露的內容相比其他媒體的報道要更加准確。而且，他所撰寫的報道所選擇的角度，也往往更又利於王立軍。正因為如此，他也獲得王立軍的信任。兩人曾經約定使用特別的電話號碼聯系。

王立軍二月六日進入美國駐成都總領事館爆出後，褚朝新曾經致電王立軍的手機查證，但對方沒有接聽。但是到了二月十五日，褚朝新突然收到由王立軍的手機號碼發給他的一則短訊。褚朝新當時並沒有立即對外公布這條短訓。直到三月十五日薄熙來被免去重慶市委書記職務後，褚朝新在新浪微博上留言說：

「二月十五日淩晨五時，與王麗娟（諧音『王立軍』）單線聯繫的號碼上收到一條短訊，大意是：英國人海伍德在渝被害，王麗娟破案劍指薄夫人，於是被休假、入美領館。」

褚朝新的這段微博留言，使得他成為最先向外界披露王立軍進入美國領事館原因的人。由於他是在自己的女友、《二十一世紀經濟報道》記者王思璟的住處發布的微博，所以在當局隨後打擊「網絡謠言」的行動中，警方根據微博發出人的IP地址，找到王思璟，帶她去派出所問話。當時是四月十三日晚，有三名警察前往王思璟在北京的住處，稱王思璟沒有暫住證並要帶她到派出所接受調查，王要求警察出示證件，對方則稱「沒有帶」。

褚朝新隨後再發微博稱：「不否認，是我三月首發尼爾伍德（即海伍德）的名字。昨有無證公人（當局的人）因此試圖找

記者褚朝新

我並騷擾了我的朋友,以無暫住證為由要帶其去派出所。經斡旋並微博直播,公人道歉。事實證明,尼爾伍德不是謠言。若他們需要把說過事實的人關進去,我願意做這個人,成就這樣一段曆史,屆時朋友們也不必搭救,記住並傳播這段曆史即可。」

北京公安局的官方微博當晚稍後則作出回應解釋說,只因未辦理暫住證而傳喚的做法不妥。前往執行任務的警員上司已經道歉。自稱沒帶證件的警察上周五晚到王思璟住處調查,更曾一度將她帶走。

隨著北京警方的道歉,褚朝新發微博一案的風波似乎已經平息。但另外一個巨大的疑問便隨之而起:究竟是誰發出的手機短訊?發短訊的目的何在?

雖然那條短訊確定無誤是發自王立軍的手機,但是當時王立軍的自由已經被限制,根本不可能發出這條短訊。也就是說,是有人使用王立軍的手機發出了這則短訊。短訊的內容現在已經獲得證實,而在當時對多數民眾來講,則可以說是天方夜譚。能夠在那時便了解王立軍出走美國領事館內幕的，應該只有王立軍本人及太太，或者再加上一個死黨王鵬飛。

由此可以判斷，這則短訊也是王立軍在決定進入美國領事館之後所采取的保護措施之一。他應該是事先寫好了短訊的內容，再把手機交給他所信賴的人，囑咐他（或她）如果遇到自己失去自由的情況，便在二月十五日這天給褚朝新的手機發出這個短訊，以便通過褚朝新向外界披露他出走的真相。

褚朝新確實沒有讓王立軍失望，盡管他的披露稍顯遲了一些。

中紀委下達逮捕令

經過曆時兩個月的緊張調查，專案組拋開王立軍、薄熙來的其他問題，集中調查海伍德命案這一個重大問題，已經初步掌握了海伍德命案的來龍去脈和前因後果，拿到了衆多的關鍵證據。雖然還有一些細節問題沒有解開疑團，但已經可以初步認定，谷開來和張曉軍是謀殺海伍德的主要嫌疑人。其中，谷開來是主謀，動機初步判斷是因為商業利益糾紛；張曉軍則只是執行者。但是，專案組卻並沒有發現薄熙來直接卷入了這起謀殺案。

專案組掌握的資料裏，沒有任何證據顯示薄熙來參與了海伍德命案的策劃與實施。他在事先根本就不知道海伍德抵達重慶。但是他在案發之後，卻明顯對谷開來和張曉軍進行包庇與窩藏，不但知情不報，反而還企圖協助毀滅證據。專案組這時還沒有把他下令拘捕知情警察與王立軍身邊人員的問題，與海伍德命案聯系在一起。因為薄熙來抓這些人，都是以打擊貪汙腐敗的名義進行的，而這些被抓人員又確實每人都有各種不同的徇私舞弊、貪汙腐敗的行為。因此，這個問題便只好另案處理。

二零一二年四月初，中央專案組向組長賀國強交上的一份《關於王立軍揭發薄熙來家人及身邊工作人員涉嫌殺害英國人海伍德事件的調查報告》。報告認為，谷開來、張曉軍涉嫌殺人，證據確鑿，建議立即逮捕，由檢察院提出起訴；薄熙來知情不報，窩藏包庇犯罪嫌疑人，也已經觸犯了刑律。但考慮到王立軍還檢舉了他的其他一些重大問題，包括私自監聽中央領導等問題等，還有待於繼續調查核實。因此建議，暫時不作逮捕處理，待進一步調查之後，再作決定。

按說，作為中紀委書記，又身兼中央專案組組長的賀國強，完全有權利作出決定。但是，由於事件涉及身為政治局委員的薄熙來，賀國強顯然不願意一人作出決定。於是，他把報告轉交給了胡錦濤，建議召開常委會討論，然後再作決定。

賀國強在谷開來謀殺案的處理中起到關鍵作用

胡錦濤知道，既然已經觸犯刑律，就算自己再想保薄熙來也是保不住了。因此，他在收到賀國強轉來報告的第二天，也就是四月九日，再次召集政治局常委會議，根據新情況討論對薄熙來的處理。這是自從王立軍進入美國領事館事件發生後，政治局常委第三次就如何處理事件舉行專門會議。

會議首先由賀國強介紹王立軍的招供情況以及專案組就

王立軍的供詞所作的取證調查。賀國強表示，在三月下旬的常委會議上，常委們曾經表決通過決議，如果對王立軍的調查沒有發現薄熙來的新問題，便切割處理王立軍私入美國領事館以及薄熙來的領導責任問題，但現在顯然是發現了新問題，而且是前所未有的政治局委員涉及重大刑事案件問題。因此，他建議常委會重新討論對薄熙來的處理意見。

賀國強的發言結束後，胡錦濤立即表示，支持賀國強的建議。他表示，薄熙來如此無法無天，是他沒有預料到的。應該立即按照相關程序對薄熙來展開調查，並在調查取得進展後移交檢察院起訴，追究法律責任。他並且建議立即撤銷薄熙來的一切職務。

一直主張「嚴辦」薄熙來的溫家寶發言表示，支持胡錦濤的建議。鑒於薄熙來問題已經引起國內外的廣泛關注，建議在常委會作出決定後，立即向外界公布對薄熙來的處理決定，並且以前所未有的透明程度隨時向外界通報薄熙來案件的處理進程。

其他常委也都相繼表態支持胡錦濤、溫家寶的意見。而一向主張嚴肅處理薄熙來問題的李克強最後發言，意外地從法律角度對薄熙來的行為作了一些說明。他表示，根據賀國強的通報，目前還不能確切斷定薄熙來犯有窩藏包庇罪，還需要切實的「鐵證」；而且上次常委會既然已經確定切割處理王立軍和薄熙來事件，況且現在還不能百分之百確定他涉嫌刑事罪案，因此在宣布處理決定時，還是應該留有余地，顯示中央對問題的處理十分慎重，是堅持了「以事實為依據，以法律為准繩」的原則。所以，李克強建議，在關於薄熙來的處理決定中，暫時不使用「撤銷職務」這類字眼，而以「停止職務」來替代。當以後調查深入，有了新的證據後，再作進一步處理，包括可能的「撤銷黨內外一切職務」以及「開除黨籍」等。

主持會議的胡錦濤立即表態支持李克強的意見，其他幾位常委也表示沒有異議。於是，常委會的決定正式通過。至於對谷開來和張曉軍，九名常委毫無異議地一致認為應該理據立即逮捕法辦。

第二章

五小姐降生將軍府
薄命女賣肉一刀准

將門之後五朵金花

谷開來，生於生於一九五八年十一月十五日，曾用名為谷開萊。谷開來生長於名門望族，多才多藝，父親谷景生是著名的「一二・九」運動發起人之一，曾經出任過總政治部副主任、新疆自治區第二書記。其母范承秀，為范仲淹的後代，抗戰時期太行山區著名的才女、婦救會幹部。

那谷景生、范承秀夫婦命中無子，到一九五七年時，已經陸續生了四胎，但四個都是女兒。一九五八年，范承秀被打成右派的時候，肚子裡正懷著第五個孩子。這個孩子到一九五八年底生下來後，發現又是一個女孩，她就是谷開來。谷景生一生，一沒有官運，而沒有子裔運，算是倒黴透頂。

谷景生夫婦先後養了五個女兒，在北京城的中共高幹圈子中倒也十分有名。這五個女兒分別是：老大谷望江、老二谷政

老五谷開來

協、老三谷望甯、老四谷丹、老五谷開來。到七十年代，谷家五個女兒都長大成人之後，谷家「五朵金花」的名氣也比較大。在「五朵金花」當中，要論容貌，第五朵金花自然是最最漂亮的。

那谷景生二零零四年以九十一歲高齡去世後，老伴范承秀便一直跟著最小的女兒谷開來住。二零零七年女婿薄熙來出任重慶市委書記，全家搬到重慶，范承秀也隨著搬往重慶。二零一一年春節前，薄熙來特地要部下、市委組織部長陳存根、市委秘書長徐鳴高調登門看望自己的岳母。

當時重慶官方媒體特地在顯要位置，突出報道了這次看望，並且全力吹捧范承秀：「范承秀老媽媽十四歲就參加了八路軍，是抗戰時期太行山區著名的才女，是開國將軍、「一二•九」運動主要領導人之一、我軍優秀的政治工作領導者谷景生的夫人。盡管已八十九歲高齡，老媽媽仍面色紅潤，精神矍铄。她和藹地招呼大家坐在書桌前，共同回憶抗日戰爭時期中華民族救亡圖存的光輝曆史，暢談谷景生將軍當年領導「一二•九」運動的始末，囑咐年輕一輩要牢記曆史，繼承和發揚老一輩革命家的光榮傳統，將我們黨的偉大事業代代相傳。」

在薄熙來被撤職之後，撰寫這篇報道的《重慶日報》記者肖竹似乎也從該報社消失，再也沒有寫過任何其他新聞報道。知情者此時才透露，這個所謂的「肖竹」其實就是薄熙來秘書班子所用的一個筆名，他們就是完全按照薄熙來的意志，撰寫有利於薄熙來的報道，為薄熙來造勢。而當時突出報道市領導春節看望薄熙來，則是薄熙來需要安撫正經曆更年期綜合症的太太谷開來。

惡戰上甘嶺 谷景生揚名

谷開來的父親谷景生，一九一三年七月生於山西省猗氏（今臨猗）縣。他是「一二•九」運動的主要領導人之一，也一直是軍方高級的政治工作領導者。他在山西太原一中讀書時接受

谷景生年輕時的照片

馬克思主義的影響，一九二九年參加左翼活動，一九三一年到北平，先後參加左聯、社聯和反帝大同盟，一九三二年加入中國共產主義青年團，同年轉入中國共產黨。

土地革命戰爭時期，任河北反帝大同盟機關報《反帝新聞》主編，抗日同盟軍第五師宣傳科科長，團政治委員，北平左翼文化總同盟書記兼「左聯」書記，「泡沫」社社長，共青團北平市委書記，北平「學聯」黨團成員。參與領導一二•九運動。

按照中國官方的介紹：抗日戰爭時期，谷景生任中共山西公開工作委員會委員，山西青年抗敵決死第一縱隊民運部部長，中共太行第三地委城工部部長，第七地委書記，太行軍區第七軍分區政治委員。國共內戰時期，任中原野戰軍第九縱隊政治部主任，中共洛陽市委書記、中共鄭州市委書記兼警備司令部政治委員，第二野戰軍十五軍政治委員。參加了淮海、渡江、廣東等戰役。

一九四八年三月，蔣介石面對中原形勢變化，欽點中將師長邱行湘接替肖勁出任二零六師師長駐守洛陽。而此時解放軍正准備攻占洛陽。三月五日，解放軍各部開始向洛陽方向運動，攻打洛陽戰役正式開始。大戰在即，陳賡得到時任中共洛陽市委書記的谷景生派人送來的洛陽地圖，十分高興。陳賡看著地圖正在高興，報務員又送來谷景生發來的電報，電報內容是介紹洛陽國民黨二零六師的防禦系統特點：第一，洛陽陣地選擇高地要衝，利用自然地形和原有建築為依托，構成核心守備，但又各自成為獨立支撐點，既能獨立堅守，又能相互策應；第二，地堡層疊，每一陣地都有諸多梅花形碉堡構成，各堡間相互連接；第三，城垣前沿築有多層複雜的防禦工事，如外壕、鐵絲網、交通壕、地雷群等，號稱堅如磐石，固若金湯。

谷景生事先派人了解洛陽的具體情況，並將有價值的情報及時彙報給司令員陳庚。陳賡根據面前的洛陽地圖和電報，開始和其他將領研究部署攻打洛陽的戰役。一九四八年三月七日夜，華東野戰軍陳唐兵團（轄三縱、八縱）、晉冀魯豫野戰軍陳

谷景生曾授中將軍銜

謝兵團（轄四縱、九縱）協同發起洛陽戰役。三月九日晚，解放軍開始攻城，霎時間，萬炮齊發，解放軍向洛陽城發起了猛烈攻擊。經過激烈戰鬥，戰士們將敵人的陣地劈成兩半，然後冒著槍林彈雨迅速攻占了東關。

洛陽戰役從三月七日發起至三月十四日夜結束，曆時七天。這次戰役共殲敵一萬九千人，俘虜國民黨中將師長邱行湘、少將副參謀長符紹基、副師長兼第一旅旅長趙雲飛、第二旅旅長魯一、新聞處處長賴鍾聲等。

解放軍攻克洛陽之後，國民黨中央大為震驚，因洛陽是軍事要地，蔣介石決定不惜一切代價要奪回洛陽，一場惡仗迫在眉睫。為奪回洛陽，大批敵人向洛陽周邊集結。為保存實力，解放軍被迫撤出洛陽。直到當年四月五日，解放軍再次攻打洛陽，經兩小時戰鬥後，洛陽守軍被打得潰不成軍，繳械投降，洛陽再次被攻克。隨後，谷景生被任命為洛陽市委書記。

他在「洛陽各界慶祝解放座談會」上講話時表示：「在洛陽戰役中，讓我谷景生感動的是地方黨組織組織人民群衆踴躍支前，為洛陽戰役的勝利做出了重要貢獻。據不完全統計，洛陽地下黨和人民群衆在戰役中幫助部隊籌糧萬余斤，搭浮橋、簡易橋三座，派擔架隊員千余人，為解放軍送情報、帶路數十人次。戰役前幾個月，洛陽地下黨就設法搞到一批進出洛陽的身份證，為部隊進城偵察提供了方便。

戰鬥緊張進行時，一些村的黨支部還組織群衆將幹糧送上火線。戰鬥結束後，中共洛陽縣委還積極組織群衆幫助部隊運送戰利品。正如解放軍前線記者所報道的那樣：洛陽解放之戰，當地人民熱烈歡迎，並積極支援解放軍……解放軍挺進洛陽途中，宜陽、伊川、登封等地及洛陽近郊人民都燒茶送水，夾道歡迎，紛紛向解放軍控訴蔣匪暴政……伊河、洛河兩岸人民聽說解放軍攻打洛陽，就在各渡口架橋，並自發派人守護渡口。市民們冒著敵人的炮火，救護我傷員，供給情報，帶路送飯，搬運物資。我們可以這樣說，沒有人民群衆的支持，就沒有我們的革命軍隊，沒有人民群衆的支持，就沒有我們攻無不克，戰無不勝的偉大勝利！」

一九五一年三月，谷景生任志願軍第十五軍政委，與軍長秦基偉率部開赴朝鮮戰場，參加了第五次戰役。其中的上甘嶺戰役，成為十五軍的標志性戰役。

上甘嶺是朝鮮中部金化郡五聖山南麓一個只有十余戶人家的小村莊，經過一九五二年十月十四日開始的一場激烈爭奪戰，名揚天下。在上甘嶺戰役中，交戰雙方先後動用兵力達十萬余人,反複爭奪四十三天，作戰規模由戰鬥發展成為戰役，其激烈程度是戰爭史上罕見的。

聯合國軍炮兵和航空兵，對兩山頭共發射炮彈近兩百萬發，投炸彈五千余枚，把總面積不足四平方公裏的兩座高地的土石炸松一至兩米。十五軍防守部隊貫徹「堅守防禦、寸土必爭」的作戰方針，依托坑道工事，抗擊聯合國軍的進攻。整個戰役經曆了三個階段：第一階段，爭奪表面陣地；第二階段，堅持坑道鬥爭；第三階段，實施決定性反擊。

一九五二年七月，為了尋求朝鮮戰爭戰俘問題的解決，中方談判代表向美方提出了雙方所俘獲的武裝人員全部遣返的原則。而美方仍堅持「自願遣返」的主張，並於十月八日又片面宣告停戰談判無限期休會。接著，十月十四日向上甘嶺志願軍兩個連的陣地發動了進攻。美方名為「金化攻勢」。上甘嶺，位於志願軍中部戰線戰略要點五聖山南麓，陣地突出，直接威脅著對方金化防線。對方為了對志願軍施加軍事壓力，為了造成在談判席上的有利地位，為了改善其在金化地區的防御態勢，故發動了猛烈進攻，是當時一年來規模最大的軍事攻勢。聯軍雖然使用世界戰史上空前集中的炮兵，但打不破志願軍的防線。志願軍參戰部隊共四萬余人。他們依托以坑道為骨幹的堅固防禦陣地，頑強地抗擊進攻之敵，每一表面陣地都反複爭奪數次，戰況空前緊張激烈。

除了在開戰初期十五軍便出現了為不暴露目標，在烈火中紋絲不動的邱少雲之外，在戰鬥中，十五軍更有以身體堵塞敵人機槍眼，為衝擊部隊打開道路的特等功臣、特級英雄黃繼光；有雙腿被打斷仍堅持指揮戰鬥，在最後一口氣時拉響最後一顆手榴彈滾向敵群，與敵人同歸於盡的特等功臣、一級英雄排長孫占元；有新戰士胡修道，在全班戰友傷亡的情況下，一人堅持陣地戰鬥，英勇機智地擊退敵軍四十余次衝鋒，斃傷敵人兩百余名，守住了陣地，立特等功、獲一級戰鬥英雄稱號。有通信英雄牛寶才，戰鬥中身受重傷，在生命的最後一息，用自己的身體連接被打斷的線路，保證了指揮聯絡暢通，立特等功、獲二級戰鬥英雄稱號。

「聯合國軍」發動此次攻勢的目的是企圖扭轉戰場上的

被動局面，然而結果卻相反。當時美聯社報道說：「這次金化的戰役，現在已到了朝鮮戰爭中空前未有的激烈程度。在人員的傷亡和使用的大量物質上，除了一九五零年盟軍在北朝鮮的慘敗情形外，是空前未有的」。

歸國後谷景生任防空軍黨委第二書記、副政委。在任國防部五院政委、黨委書記期間，正值中國導彈事業初創時期，他和錢學森院長一道，充分調動廣大科研人員的積極性、創造性，使研制工作取得重要進展。一九五五年谷景生被授予少將軍銜。曾被授予二級獨立自由勳章、一級解放勳章。

「文化大革命」中，谷景生遭受誣陷、迫害，被監禁關押十二年。恢複工作後，任廣州軍區副政治委員。一九八一年二月，谷景生任新疆維吾爾自治區黨委第二書記兼烏魯木齊軍區政委、新疆生產建設兵團第一政委、第一書記。

薄命女操刀賣肉

生於一九五八年的谷開來，可以說是生不逢時。出生之時就恰逢母親被打成右派，嬰兒之時便沒有嘗過吃飽肚子的滋味；成長之時又剛好趕上文革，小學二年級便遭遇停學。當時，父親谷景生被打成叛徒，撤消黨內外一切職務，關進監獄長達八年。與此同時，母親的右派問題也被再次提起，並被強迫送到勞改農場「改造」。

失去了父母的庇護之後，四個姐姐相繼被趕到農村，當了農民。最小的女兒谷開來小學還沒有畢業，就不得不上房當泥瓦匠打小工，她所能幹的只是把磚兩塊兩塊地運給正式的泥瓦匠，再把攪拌好的混凝土一桶桶提到泥瓦匠跟前。這樣一個月下來，到也能掙到六七塊錢。混到初中畢業時，作為「黑五類」子女的谷開來雖然僥幸因為四個姐姐都在農村，而獲准留在北京。但在分配工作時，卻被派往當時所有用人單位中最差的副食店。不知是不是她的桀驁不馴得罪了副食店的頭頭，這個看似弱不禁風的小姑娘竟然被安排到肉類組操刀賣肉。那一年，是一九七四年。

谷開來賣肉的副食店據說是在崇文門外。那裏被認為是老北京「下九流」居住的地區，居民成份混雜，拉膠皮的，買大力丸的，扛大個二的，還有許多早年賣淫的「暗門子」。在那一帶的副食店賣肉，絕不是個省心的活。偏偏谷開來天性聰明，賣肉也好用心琢磨：一毛錢的肉切多厚，兩毛錢的肉又該切多少。幾個月下來，她一刀切下去，竟然總是上下差不了多少，被店裏的師傅們稱為是「一刀准」。如果谷開來的肉再繼續賣下去，憑著她的「一刀准」，混上個行業勞模也是很有可能的。

年輕的谷開來和父親谷景生

副食店裏來了位漂亮妞賣肉，這個消息在崇文門外傳開了。一批無賴小混混經常站在肉案前面同她搭訕。每到這時，谷開來就會一言不發拿過磨刀石，聲聲帶響地磨刀，然後再惡狠狠地把刀剁在肉案上。小混混們便急忙笑著一哄而散。但是，店裏發現，自從谷開來到店裏上班，店裏的營業額比早先大幅度上升。只是當年的營業額並不同員工的工資挂鈎，否則全店員工都會因為谷開來而受益。

後來，為了更長遠的生計問題，谷開來決定學門手藝，她開始學彈琵琶。聰穎的她一學就會，很快就達到了專業水平，並因此告別了賣肉生涯，調到北京電影制片廠樂團，被確定為獨奏演員。不過，她的主要工作並不是到舞台上演出，而是為電影配置音樂演奏。當年毛澤東逝世時的那部紀錄影片中，曾經有一段琵琶伴奏，那就是谷開來演奏的。

家境改觀考取北大

谷開來的父親谷景生入獄十二年的經暦，完全是因為母親范承秀所至。在當年的反右高潮中，范承秀正在北京市委黨校任教員。她同宿舍的一位年輕女教師被劃為「右派」。范承秀認為此事荒唐，便替此人說話辯護，隨後也被劃為右派，還成為反黨集團的一份子。

這事立即影響到谷景生。當時，被授予將軍軍銜的高級幹部中，妻子被劃為右派的，唯獨只有谷景生一人。當時，谷景生擔任國防部第五研究院政委。這個研究院的院長是錢學森，研究院的主要業務便是研究火箭發射，屬於當時的國防最高機密部門。在中共當局看來，在如此重要的部門擔任要職，老婆是右派是絕對不可以的。

當年擔任公安部隊司令員兼政委的謝富治，特地出面找

谷景生與范承秀

谷景生談話，強調她工作的重要性，肯定谷景生的個人覺悟，指出谷景生的大好前途，勸谷景生與妻子范承秀離婚。范承秀怕連累丈夫，也提出離婚，被都谷景生斷然拒絕。谷景生不認為十四歲就參加共產黨的妻子范承秀會是一個反黨分子。對於谷景生來說，他當時面對的是個人前途與家庭親情的選擇，結果，作為一個響當當的漢子，他毫不猶豫地選擇了與妻子站在一起。為此，谷景生被免去國防部五院政委的職務，發配新疆。之後，他在文革中坐牢七年，然後又被隔離審查前後十二年。

一九七零年，谷景生結束審查後獲准出獄。他到處反映自己的冤情，要求澄清問題，但屢屢被拒之門外，處處受冷落。最後，他找到了時任總政治部副主任的開國中將徐立清。徐立清同情谷景生的遭遇，為谷景生的平反做了大量工作，並曾經向複出主持軍委工作的鄧小平彙報。但直到一九七八年中共十一屆三中全會之後，鄧小平才著手平反谷景生的冤案，為他恢複了名譽。在恢複名譽後的第七天，鄧小平就派他奔赴對越自衛反擊戰第一線，出任廣州軍區副政委，參加對越自衛反擊作戰。一九八零年新疆發生動亂，鄧小平、胡耀邦用專機急調他赴疆，出任新疆自治區黨委第二書記、烏魯木齊軍區政委、新疆生產建設兵團第一政委，穩定大局。

谷景生的重新出山，意味著谷開來的命運將出現重大改變。她此時再也不是什麼「黑五類子女」，而是一位軍級高幹家的千金小姐了。更需要提到的是，就在父親徹底恢複名譽前夕的一九七八年，谷開來憑著自己的一股韌勁和聰明，竟然考取了北京大學法律系。

一九七七年，在十年文革剛剛結束不久，鄧小平便推動恢複了高考制度。一直夢想進大學深造的谷開來毫不猶豫地報了名，結果名落孫山。這讓她意識到必須下功夫突破考試關。結果，半年之後，一九七八級大學招生考試開始了。谷開來再次報名。坎坷的童年使她根本沒學過數學，幾近交了白卷，但是她的文學答卷才情過人，在加上政治、曆史、地理都還考得不錯，竟一下就被北京大學法律系錄取了。

鄧小平和谷景生

在填報志願表時，父親期望小女兒的未來人生能夠徹底擺脫父輩的坎坷，把小女兒的名字從「開萊」改為「開來」，取繼往開來，為正義、幸福而戰的意思。對於這個說法，谷開來後來補充說：「當時，准確的名字應叫『開萊』，但嫁給薄熙來之後，有一次，他看似認真地對我說，按古時的傳統你要婦隨夫姓，今天咱們不興這個了，你就婦隨夫名吧。於是就霸道地把我名字上的『草』給砍了下來。於是，我的名字就成了現在的『開來』。到底哪個說法更准確，至今怕也無從考證了。

北大才女與李克強同學

北京大學一直被公認為是中國的最高學府，同時也是中國綜合實力第一的大學，理科、文科、社會科學、新型工科和醫科都是它的強項。按照國家重點學科，北大的理科、文科、醫科實力均為全國第一。作為中國高等教育的奠基者，北大誕生了中國高校中最早的數學、物理、化學、地質、計算機、微電子、核物理、心理、農學、醫學、中文、曆史、哲學、考古、外語、政治、經濟、商學、新聞等學科。

在二零一一年《泰晤士報高等教育》世界大學排名中，北京大學位列全球第四十九位，再次蟬聯中國內地高校第一。在二零一一年九月五日發布的最新英國《QS大學排名》中，北大位列全球第四十六位，蟬聯中國大陸高校第一位。二零一一年美國新聞與世界報道（US News）的世界大學排行榜，北大總排名為世界第四十六名，同樣蟬聯中國內地高校第一位。在二零一一年世界資訊網（Webometrics）世界大學排名中，北大位列中國高校第一位。在西班牙教育部公布的二零一一世界大學排名中，北大也是位列中國內地高校第一位。

即使是在三十多年前，北京大學的錄取標准在全國也是數一數二的。因此，北大學生可謂藏龍臥虎，個個都有自己的絕招，人人都是人中之傑。恢複高考之後的前兩屆學生，也就是七七級和谷開來的七八級更是如此。

谷開來所在的北大法律系七八級，共有八十多名同學。雖然所有同學都是通過考試入學的，但學生背景卻大不相同。其中既有象谷開來這樣的高幹子弟，也有象李克強這樣毫無任何背景的平民學生。這就勢必會在班裏形成不同的小圈子，不同的圈子有時不免會尖銳對立。作為同班同學的谷開來和如今官居國務院常務副總理的李克強，當年在班裏就是這樣一種對立的關系。

和很多高幹子女一樣，在大學期間，谷開來在學校不用姓氏，只用「開來」的名字。當時，谷開來是班裏本來就占少數的女生中最為漂亮的。據她的同學說，谷開來並不是與其他同學一道住在靠近南校門的學生宿舍，而是被安排作為外國留學生的「陪住」，住在另外一個方向的留學生宿舍樓裏。那裏的住宿條件比普通學生宿舍要優越許多，是兩個人一間宿舍，而普通學生宿舍則要七八個人一間宿舍。所以多數同學與谷開來都沒有更多的交往。在剛剛開始讀大學二年級時，她的父親谷景生便獲得平反，隨即便去了對越反擊戰前線。她家的狀況一下子從地下升入天堂。

北大法律系七八級在上課

這種改變對谷開來也產生了明顯的影響。一年級時，她在同學們眼裏，只是個安靜的小姑娘；但到了二年級，一種傲氣無時無刻不挂在她的臉上身上。按說，班裏女生人數只有全班總人數的不足三分之一，其中最漂亮的「班花」谷開來本來應該是多數男生追捧的對象。

但是，谷開來一付拒人千裏的樣子，嚇退了許多本來有心招攬她的男生。而且，谷開來在班裏交往比較多的，大多是家境比較好的幹部子弟，或者是教養較好的知識分子子女。而對來自普通市民或農村家庭的同學，則一般不大搭理。

對於李克強，谷開來從一入學便流露出一種明顯的厭惡。這厭惡主要是針對李克強處處表現出的那種小人得志、範進中舉的自命不凡，以及他過於露骨地攀附權勢與投機鑽營，還有他常常大言不慚講出的一段段空話。

李克強來自於安徽一個小官員家庭，父親直到退休，也只是個副處級幹部。據他當年的同學講，在校期間在全班同學中，李克強在學習方面只能算是個中遊水平，但他的口才卻是全班數一數二的。而且還特別善於見什麼人講什麼話，對班級輔導員、任課老師、系總支書記、系主任他特別善於溜須拍馬。就是靠著這份口才，他先是在系裏上上下下混得很熟；繼而又同校學生會、團委打得火熱。

一九八二年畢業前，李克強因此獲得了「北大優秀畢業生」的名份，並因此被北京大學黨委副書記馬石江看中他的官場「才能」，要求他留校工作，擔任專職的共青團北京大學委員會書記，領導學校近萬名共青團員。

在校期間，谷開來等高幹子弟自然看不上那些學生會、團委的學生幹部職位，更不屑去鑽營得到某個頭銜。所以，李克強之類學生的所作所為便為她們所不齒。所以，大學四年同窗，李克強和谷開來幾乎沒有單獨說過一句話。看到谷開來周圍總是

李克強（後排右一）在北大時的照片

有各式各樣的男生在獻殷勤，本班的、本系的、外系的，但是李克強似乎無動於衷，眼裏似乎從來沒有谷開來，也從不曾多看她一眼。

當時班裏一位年齡比較大、並且已經成家的「老大姐」同學私下裏對谷開來說，這李克強倒是有些自知之明，心裏清楚癩蛤蟆吃不到天鵝肉，索性也就死了那份心，不白費功夫了。

畢業後，李克強與谷開來再沒見過面。在谷開來費盡心機成為薄熙來太太之際，李克強的仕途之路則一帆風順，並且終於壓過了薄熙來。不知道是不是因為忌恨谷開來當年上學時對他的輕蔑與鄙視，李克強從還沒有進入北京時，就一直與薄熙來不睦。二零零四年薄熙來從遼甯省長任上調任商務部長之後，李克強奉調赴遼甯出任省委書記。李克強從到任之日起，便開始收集整理薄熙來在遼甯特別是在大連主政期間的「黑材料」。這些「黑材料」終於在扳倒薄熙來時發揮了作用。當然，這是後話。

第三章

女學生家宴遇情郎
籍考察金縣偷私情

熱衷政治攻讀研究生

一九八二年谷開來從北京大學法律系畢業。她沒有急於走向社會，而是選擇繼續深造，攻讀北大的國際政治學碩士學位。

谷開來之所以作出這樣的決定，主要是受到與她住在同一宿舍的一位美國女留學生的影響。那位美國留學生當年已經三十多歲，仍然還是單身，曾經有過多任男朋友，但卻都沒有走上婚姻殿堂。按照那個女人的理論，女人要趁自己還年輕，多玩玩，多經曆一些，等到玩累了，再找一個固定的男人肩膀靠上去，安安穩穩過日子。

這美國女人的婚姻觀谷開來卻不敢認同，因為在上個世紀八十年代初期，中國才剛剛向世界開放，作為從谷開來那樣家庭背景的女子，還一時無法接受美國人的這種人生觀。但是，這個美國女人的另外一種主張卻對谷開來震動很大。這個女人說，在美國，最為刺激的職業就是從政，那就象是處於戰爭狀態，永遠讓你緊張著，但同時也很刺激，因為你的主張、你的設想可以在現實中實施，可以改變社會。而美國當今著名的政客，絕大部分都是律師出身。所以，作律師是從政的第一步。

這個哈佛大學法學院畢業的美國女人，已經拿到了律師執照，並且在紐約一家著名的律師行任職。但她偏偏對中國感興趣，認為中國未來在國際上的地位會日益加強，美中兩國的交往會日益增多。她希望未來專門從事美中之間的法律顧問工作。所以便自費到中國留學，她當時在北大中文系和曆史系同時選修部分課程。

這個美國女人其實是在谷開來讀到大學三年級時才來到北大的，而前兩年谷開來一直是與一位日本女留學生在一個宿舍。那個日本女孩年級比較小，家裏是作日中貿易的，很有錢。那個女孩給谷開來留下的最深刻印象就是，作貿易竟然可以賺那麼多錢。後來，那個女孩轉到上海複旦去繼續讀書，因為她的男朋友也到了上海。

谷開來承認，是同宿舍的美國女人幫她打開了眼界，不但教了她許多英語，而且也讓她可以跳出傳統的中國式思維方

北大法律系的畢業後，谷開來繼續修讀國際政治學

式，去看待當今中國和世界的許多問題。她曾經同那個美國女人一道在北京多次參加過美國人和其他外國人的聚會，那是她第一次走進這樣的場合，第一次了解西方的社交禮儀，行為方式和處事方式，也第一次試著用西方人的眼光來審視自己生活了二十多年的這塊土地。

作為北大法律系的畢業生，谷開來當然把自己未來的職業設定為律師。但是，她絕對不想在一個偏僻的小法庭裏整天糾纏在那些瑣碎的離婚案、刑事案之中。她想站在高處，出人頭地地去打那些舉世著名的打官司，跨國跨洲，甚至打到聯合國去；她設想，按照那個美國女人的說法，自己也可以從法律領域轉到政界，一句話便可以影響一個國家。

所以，她選擇了繼續修讀國際政治學，以便了解國際社會的政治運作，熟悉國際事務，同時了解主要西方國家的法律狀況，為成為一名跨國大律師或者一名叱咤風雲的政界女強人打下基礎。

「觸電」結識薄熙來

谷開來研究生在學期間，曾經應四姐谷丹之邀，參加四姐夫李小雪的生日家宴。這谷開來在谷家的「五朵金花」中，與四姐的關系最為密切。當時任職於北京市五金工具測繪工業公司副經理的四姐夫，往年似乎並不在乎生日。但這一年剛好是三十五歲，按照中國人的傳統習俗，逢五逢十總是要隆重正式一些。因此，谷丹早就計劃為老公正式過一次生日。

這位四姐夫李小雪也不是個等閑之輩，而是中共元老李雪峰的長子。

李雪峰系山西永濟人，出生於一九零七年。李雪峰一九二五年考入太原國民師範學院，一九三一年被保送到山西大學教育學院學習，第二年冬參加山西互濟會。一九三三年十月參加中共，任山西互濟會黨組書記等職。一九三四年至一九三五任中共山西省工委宣傳部部長，從一九三六年起，先

李雪峰

後任中共北平市委書記、中共北平市委組織部部長、宣傳部部長，參與組織成立「中華民族解放先鋒隊」。

國共內戰期間，李雪峰隨劉鄧大軍轉戰大別山，參加了淮海戰役和渡江戰役。他先後擔任中共中央中原局常委、組織部部長、副書記，受命組建了第一屆中共河南省委，兼任省委第一書記、省軍區政委。一九四九年以後，李雪峰歷任中共中央華中局常委，中共中央中南局副書記兼組織部部長，中南行政委員會副主席，中南土改工作委員會主任，中央中南局黨校校長。

一九六零年李雪峰任中共中央華北局第一書記兼北京軍

區黨委第一書記、第一政委。一九六五年一月當選為第三屆全國人大常委會副委員長。一九六六年六月，李雪峰兼任北京市委第一書記。

李雪峰共有五名子女，按照長幼順序排列分別是：長女李小林、次女李二林、長子李小雪、三女李小矛（後改名李丹宇）、次子李小峰。

李小雪於一九六八年靠父親的余蔭進入部隊當兵，是蘭州軍區空軍的機械師。一九七三年複員後，進入北京市五金工具二廠，從工人一直作到廠長，然後又被提拔為公司副經理。他於一九八七年進入國家體改委，一九九四年調到中國證券監督管理委員會工作，目前任職中國證券監督管理委員會紀委書記、黨委委員，同時也是中紀委委員。

李小雪的生日是在八月，當時天氣很熱。當時，空調還沒有走進中國居民家庭。四姐選擇在一家餐館，擺了兩桌，而來的客人都是李小雪、谷丹夫婦雙方的親戚，其中也包括李小雪的妹妹李丹宇和妹夫薄熙來。那年，薄熙來正在中共中央辦公廳任職，他當時的級別只是正科級。

也是鬼使神差，這薄熙來偏偏就坐在了谷開來的旁邊。嬌小玲瓏的谷開來一下便吸引住薄熙來的注意力，那頓飯期間，他充分發揮了自己的口才和特長，同谷開來天南地北地侃了起

谷開來的姐夫李小雪

來。他另外一側的太太李丹宇不時要起身照顧當時只有六歲的兒子薄望知，便只能眼看著丈夫公開向谷開來獻媚。

谷開來對薄熙來的第一印象還不錯，英俊瀟灑，身材高大。雖然從心裏對坐在薄熙來身邊感到慶幸，但畢竟是親戚，所以也並沒有作什麼非分之想。所以，在薄熙來開始炫耀口才學識時，她也只是客氣地應付著。但是，當她說出自己在北大法律系畢業後，目前正在繼續讀研究生，那薄熙來竟告訴她，他們原來還是校友。薄熙來自稱是北大曆史系七七級的學生。這樣一來，便一下拉近了兩人之間的距離。

根據中國官方公布的薄熙來簡曆，他於一九七八年至一九七九年間在北京大學曆史系世界史專業本科學習。但一九七九年至一九八二年，就在中國社會科學院研究生院就讀國際新聞專業碩士研究生。也就是說，他在北大曆史系就讀的時間只有一年多，並非是一位正式的本科生。所以，當谷開來提到自己從來沒有在學校遇到過他，薄熙來只能支支吾吾，用其他話題岔開。

實際情況是，一九七七年底薄熙來參加高考，結果名落孫山。但是那個時候，薄一波已經被平反，因此利用他的影響力進行作弊，讓高考沒有過分數線的薄熙來混進了北大歷史系。北大的傳統，以文史見長，所以當年北大中文系和歷史系，乃是最好的系。薄熙來能夠進入北大歷史系世界史專業，乃是在文革後首開走後門上大學之先河。

北大歷史系雖然有名，但是薄熙來上學後卻非常鬱悶。因為歷史系要求學生能夠坐冷板凳，才能有點學問。當年北大歷史系最有名的一句話，叫做「板凳要坐十年冷」。薄熙來性格輕浮，哪裡肯坐這冷板凳。因此十分不安於在北大的學習，吊兒郎當。

一九七九年七月薄一波複出，擔任國務院副總理，主管的部分也包括教育。薄熙來立即讓薄一波再開後門，直接進入社科院研究生院國際新聞專業，成為研究生。馬馬虎虎讀了兩年，外語基本上還狗屁不通，薄熙來就算是從國際新聞專業研

年輕時的薄熙來

究生畢業了，並且獲得碩士學位。

薄熙來高中只讀了一年，高考沒有到達分數線，開後門進入北大歷史系，大學本科只讀了一年多，研究生只讀了兩年多，就以社科院國際新聞專業碩士的身份畢業，並且以此招搖撞騙。其所有的學歷，都是其父親薄一波開後門的結果，也可以說全部是假的。否則的話，從本科到研究生畢業，至少要七年的時間。而薄熙來根本只在學校呆了三年半（一九七八年春天到一九八二年九月），就獲得了碩士文憑，這幾乎是大躍進的速度。再說薄熙來號稱是國際新聞碩士，但是外語卻是狗屁不通，本身就意味著作弊和造假的成分。

雖說薄熙來沒有敢在學曆方面對谷開來過於吹牛，但在那次家宴上，兩人畢竟聊得十分投機。特別是薄熙來當時對中國政局、發展前景、發展道路等方面的看法，確實讓谷開來十分佩服。再加上從他身上散發出的那種濃郁的男人氣息，更讓谷開來有些著迷。就在那一刻，她感覺自己「觸電」了。這是她在全部二十五年的人生中，從未有過的感覺。

散布金縣相識掩人耳目

在谷開來已經成功擠掉李丹宇成為薄熙來太太之後，為了掩人耳目，掩蓋自己當初充當「小三」的曆史，她曾經多次在公開場合大談與薄熙來的戀愛史，把與薄熙來的初次相識，推後一年，說她是在薄熙來到大連金縣任職期間，到金縣考察時才與他認識的。

按照谷開來的說法，自己和薄熙來相識於一九八四年。那年，谷開來和中央美院的傅天仇教授到大連金縣考察一個環境藝術課題，薄熙來當時是那兒的縣委書記。「他也是北大畢業的研究生，當時，這位高材生蹲在荒涼的海灘上，和當地的農民興致勃勃地策劃出了一個關於環境藝術與農村經濟發展的前景……他很像我父親那種極為理想主義的人。他住在縣委一個像是永遠也掃不幹淨的小髒屋裏，用放在桌下的一個破紙箱裏的小蘋果招待我和教授，然後開始大談他的想法。」

谷開來表示，她當時覺得眼前這個人，好像小說裏看到的那種人，有素養，有承擔，生來是屬於某種事業的，不是屬於家庭的。在谷開來眼中，這位「姐夫的妹夫」人高馬大，充滿理想主義，一心要在金縣的荒涼海灘上改造世界。

薄熙來雖然肚皮裡是個草包司令，但是人高馬大，又很會說話，端的是美女殺手。谷開來完全為眼前這位漢子折服了，她決定不顧一切地跟隨這個人。按照她的說法，當時自己已經考上美國一所大學，而且獲得了獎學金。但是，她對薄熙來說：「咱哥們夠意思，不去留學了！」後來這句話，到處用來宣傳薄熙來和谷開來的愛情故事，殊不知當時谷開來說這句話的時候，完全是第三者插足，而薄熙來更是婚外偷情。

實際上，薄熙來與谷開來偷情，是從那次李小雪生日家宴之後不久便開始了。

那時，薄熙來在中共中央辦公廳調研室工作，實際上並沒有什麼正經業務要作，每天的上班不過是喝茶聊天。由於薄熙來背景特殊，每天上班不過是點個卯而已，他的上司也不敢過於嚴格要求。因此，薄熙來時常是在辦公室晃一下便不見了

谷開來和薄熙來在金縣偷情

蹤影。在這期間，他多次偷偷前去北大研究生宿舍「探望」谷開來。一來二去，谷開來以身相許，兩人便展開了這段地下戀情。

一九八四年，當薄熙來毅然離開中共中央辦公廳這個令許多大學畢業生羨慕的崗位、前往大連金縣任職正科級的縣委副書記時，許多人把他的動機歸咎於為了未來爬上政壇高位、由老爸薄一波安排外放鍛煉。這種說法當然是其中的原因之一，但另外一個原因則是因為谷開來。薄熙來為了照顧谷開來的感受，必須造成與老婆李丹宇事實分居的局面。而谷開來那次金縣之行的真正目的，除了是要和薄熙來幽會，同時還逼他立即著手同老婆辦理離婚手續。

前妻李丹宇

谷開來嬌小美麗，為了薄熙來甚至放棄留學美國。她這樣和人高馬大的薄熙來講「義氣」，薄熙來自然也不能不講義氣。但是這種婚外偷情，唯一講義氣的方式就是趕緊停妻再娶，再回過頭來抱得美人歸。所以薄熙來沒辦法，硬著頭皮到北京，找李丹宇商量離婚的事情。

早在上個世紀七十年代中期，薄熙來在北京二輕局五金機修廠當工人的時候，已經是二十六七歲的青年人。當年薄熙來以學徒工身份進廠，進廠後拜過不止一個師傅。據說當年他的師傅們曾經紛紛給他介紹對象。但是最終他卻和門當戶對的李丹宇談上了戀愛。

薄熙來的第一任妻子李丹宇，也是高幹子弟，是中共第一任北京市委書記李雪峰的三女兒，原名叫李小矛，後來當兵時改名為李丹宇，與薄熙來從小就認識。因為她父親李雪峰與薄熙來的父親薄一波可以說是世交。

李雪峰和薄一波同為山西人，而且長期共事。一九三七年，

薄熙來的第一任妻子李丹宇

李雪峰奉命率領一批平漢線省委幹部進入山西省太行山區，與劉伯承的一二九師會合，從此和一二九師外圍的「山西青年抗敵決死隊」司令薄一波共事。一九四零年，鄧小平改組「太行軍政委員會」，鄧小平為書記，劉伯承、蔡樹藩、李雪峰、楊秀峰、薄一波、戎子和等人為委員。

由此可見，薄、李兩家淵源深厚。薄熙來和李丹宇雖然算不上是青梅竹馬，卻也是同為世家子弟，早已互有所聞。更何況門當戶對，都是中共第一代開國將領，紅色權貴之後。但是七十年代中期，這種門當戶對處於傾斜狀態，因此李丹宇和薄熙來的地位也十分傾斜。境遇不同，兩人成長的經歷和所走的路也很不同：李丹宇在父蔭下從小參軍、然後由部隊保送學醫，和薄熙來談戀愛時，是現役女軍醫，有著令人羨慕、令一般人可望不可及的地位。薄熙來當時則是受到父親連累坐牢、下鄉、進廠的「可以改造好的子女」。雙方因為境遇不同而被注入的精神內存很有差異。

但是另一方面，薄熙來身高一米八六，倒也的確是長身玉立，一表人才。也許正因為他那不俗的外表，吸引了年輕的女軍醫李丹宇。據說當時是李丹宇主動追求的薄熙來，而薄熙來也正是處在人生最低谷，便也不得不接受了容貌並不十分出眾的李丹宇。

一九七六年，工人薄熙來和軍醫李丹宇結婚。第二年，李丹宇生下兒子薄望知。

但是，就在和李丹宇結婚的同時，薄熙來的命運卻發生了變化。原因則是薄一波的命運發生了變化。文革之後，薄一波一直四處奔走，力圖為自己平反，但是當年的「六十一人叛徒集團案」卻沒什麼人敢插嘴。直到胡耀邦全面主持平凡冤假錯案之後，情況才徹底改觀。據胡耀邦女兒滿妹所著的《回憶父親胡耀邦》一書介紹，一九七七年胡耀邦擔任中組部長時，他著手平反的第一個大案就是「六十一人叛徒集團案」，為此胡耀邦還

薄一波

做了好幾頁的批示。

據滿妹說，當年胡耀邦要替薄一波平反時，連鄧小平也吃了一驚。胡耀邦向鄧小平彙報對「六十一人叛徒集團案」的調查情況和處理設想時，鄧小平說：「哦，這樣的案子你也敢翻？」可見當年胡耀邦為了替薄一波平反，承受了極大的政治壓力。後來薄一波重新出山後，翻臉不認人，帶頭攻擊當年幫他平反的胡耀邦，使得胡耀邦鬱鬱而終。這是題外之話。

那薄一波複出之後，便利用手中的權力，不顧高考錄取分數標准，開後門把在工廠當工人的兒子薄熙來送進了大學，從此改變了薄熙來的命運。也改變了薄熙來與老婆李丹宇的地位差別。

也許是因為薄熙來在文革時候因為老子的拖累而使得薄一波特別內疚，薄家子弟當中，薄一波唯獨對這個兒子青睞有加，不惜三番五次開後門，弄特權，刻意培養薄熙來。

一九八二年八月，薄熙來以「大躍進」的速度，從中國社會科學院研究生院畢業，又由老子薄一波安排，直接進入中共中央辦公廳。從此之後，薄熙來完全具備了走上高層仕途的資歷。

與此同時，即使在谷開來還沒有出現在薄熙來面前時，薄熙來和李丹宇的婚姻便已經出現了狀況。最主要的問題是，薄一波鹹魚翻身，成為太上皇鄧小平的手下重臣。但是他的親家李雪峰卻受了林彪事件的連累，從林彪事件開始，一直被隔離審查。一直到一九七八年，李雪峰結束審查，卻仍然因為和林彪之間的關係而受到冷落和歧視。

薄一波的薄倖無情與忘恩負義，可以從他對幫他平反的胡耀邦的態度中就可以看得清楚。薄家的媳婦李丹宇這時候才真實地感到了世態炎冷，令人心寒。當年薄一波被關在大牢裡，李家並沒有嫌棄，李丹宇還主動追求薄熙來；現在李家有難，薄家的嘴臉就十分難看，這讓李丹宇的心態十分不平衡。

而薄熙來隨著學歷越造越高，儼然是其父輩，中共紅色特權階層的接班人，也開始嫌棄李丹宇。事實上，當年堂堂一表，身高一米八六的薄熙來「委身」和姿色平平的李丹宇結婚，現在薄家再次如日中天，薄熙來不僅看不起李丹宇，也嫌她過於平庸。這個心結一起，薄熙來和李丹宇就開始產生矛盾，也多次吵到離婚的程度。

這個矛盾，隨著薄熙來到遼寧金縣掛職鍛煉，變得更加深刻。薄一波為了進一步培養兒子，因此在薄熙來到中央辦公廳工作兩年之後，安排他到大連市所屬的金縣鍛煉，一下去就是縣委副書記，過了不久，又當上了縣委書記。

薄熙來到金縣之後，因為和李丹宇的矛盾，長期不肯回家。而李丹宇也帶著兒子薄望知，自己住在軍隊醫院的宿舍裡，不肯去薄一波家。按照薄家的規矩，每年大年初五，薄家子女都要回到薄一波家中，為薄一波祝賀生日。但是薄熙來在金縣期間，卻從不回家和老婆兒子一起過年，而是在正月初四才趕到北京。到了北京後，他寧願去看望小學的班主任老師關敏卿，也不願意去見自己明媒正娶的妻子李丹宇。過了初五，薄熙來就又回到金縣去了。有相當長的一段時間，李丹宇和薄熙來一直處於冷戰階段。而這期間，薄熙來卻同谷開來處於熱戀之中。

三年混戰「小三轉正」

谷開來為了薄熙來甚至放棄留學美國。她這樣講「義氣」，薄熙來自然也不能不講義氣。但是這種婚外偷情，唯一講義氣的方式就是趕緊停妻再娶，再回過頭來抱得美人歸。所以薄熙來沒辦法，硬著頭皮到北京，找李丹宇商量離婚的事情。但萬沒想到，竟然經曆了一場長達三年的「艱苦」

薄熙來本來以為他和李丹宇之間，感情消亡，婚姻也已經名存實亡，因此李丹宇會很痛快地同意離婚。誰知道他找到李丹宇要求離婚的時候，李丹宇偏偏不肯離婚。不僅不肯離婚，而且很快還知道了薄熙來在金縣和谷開來這個「小狐狸精」之間的好事。

這下子李丹宇更不幹了。她的憤怒，使得她成了一個專職的關於薄熙來如何成為當代陳世美的宣傳員。從區級婦聯開始，李丹宇逐個訪問了北京的各級婦聯機關，然後用激昂的聲音，經過熟練編排的腳本，向婦聯幹部傾訴當代陳世美薄熙來的罪惡，聲如洪鐘。從區婦聯到市婦聯，到全國婦聯，所有工作人員看見李丹宇上門，立即頭大無比。八十年代，雖然薄熙來這種做法，的確值得讓人吐唾沫，但是薄熙來的老子薄一波是堂堂的中顧委副主任，婦聯的人，不僅得罪不起，而且連句話都不敢說。

據全國婦聯的一個老同志說:「挽救婚姻的心情是可以理解的,但是李丹宇的做法適得其反,你到處寫信罵人家是陳世美,還到全國婦聯公開宣講薄熙來多壞,而且還傷害一個無辜的女孩子,這怎麼可能挽救婚姻呢?」但是也有不少人同情李丹宇,認為對付陳世美,就是要用這種精神。

薄熙來一看事情已經鬧翻,也就和李丹宇撕破臉相向,向法院申請離婚。北京的區級法院和中院都攝於薄家的勢力,按照薄熙來的要求判決離婚。這下李丹宇就更憤怒了。李丹宇是軍醫,也就是現役軍人。官方為了保護現役軍人的利益,對插足軍婚的第三者,不管什麼原因,都算重罪。甚至曾經有一條可以判殺頭的罪名,叫「破壞軍婚罪」。現在中國的法院不把破壞軍婚罪的谷開來抓起來判刑,也就罷了,居然還順著第三者的意願判處離婚。李丹宇大怒之下,韌勁十足,向北京市高院起訴,最後居然鬧到了最高人民法院。

如此一鬧,數個家庭雞犬不寧。薄熙來忘恩負義,當代陳世美臭名遠揚不說,李雪峰也非常惱火,尤其對薄一波偏幫兒子非常不滿。李雪峰雖然到八十年代已經沒有什麼實權,但是畢竟是中共王朝的一任諸侯,人脈也相當廣大。李雪峰不僅為此和數十年的老朋友、老鄉和老戰友薄一波斷絕關係,據說還放出狠話來，說是他活著的時候，薄熙來別想回到北京來當官。這話看來也有點根據。李雪峰一口氣悠長不息，一直活到九十七歲，到二零零三年才去見了馬克思。而薄熙來也一直在遼寧做官，直到二零零四年才回到北京，出任商務部部長。這是後話。

薄熙來畢竟坐過幾年牢，皮糙肉厚，也不怕世人的唾罵，但是真正受不了這麼鬧法的，卻是谷家的第五朵金花谷開來。谷開來畢竟是一個沒出閣的大姑娘，當年也不過二十五、六歲，讓李丹宇口口聲聲到處去演講，宣傳她如何勾引「姐夫的妹夫」，臉面上面，無論如何也下不來。偏偏這個時候，薄熙來的離婚官司還是血肉模糊的時候，谷開來又懷孕了。

就在這個時候，老傢夥薄一波覺得事情再這麼鬧下去，就會臉面無存了。因此他親自出馬，領著谷開來到金縣，為薄熙來和谷開來兩人主持婚禮。當年中顧委是中共垂簾聽政的太上皇機構，薄一波出馬，非同小可。加上中國本來就是人治社會，所以薄一波出馬，便相當於是最高法律。當地法院也不敢不給薄熙來和谷開來辦理結婚手續。

薄一波出馬，李丹宇也不敢直接和他作對，只好暫時偃旗息鼓。但是李丹宇一怒之下，將她和薄熙來的兒子薄望知，改名李望知，表示跟薄家斷絕關係。關係雖然是斷絕了，李丹宇對薄熙來的刻骨仇恨卻沒有斷絕。

在此後十年當中，李丹宇不斷給薄熙來上眼藥，也就是凡是薄熙來組織關係所在的部門，都會收到大量的揭發薄熙來問題的資料。從薄熙來當時組織關係所在的中共中央政策研究室、金縣、大連，無處不現李丹宇的控告信。許多知情人對李丹宇十分同情，認為一個女人像「秋菊打官司」一樣地堅持十多年控告薄倖之人，當年所受到的傷害，肯定是無比深刻。只可惜的是，李丹宇跟在薄熙來身後扔了十多年的炸彈，只是讓薄熙來心驚肉跳而已，沒有一顆炸彈，能真正傷到了薄熙來的皮肉。

第四章

谷小三偷情成正果
新夫妻情醉大連灣

夾著尾巴做夫妻

從一九八四年到一九八七年，薄熙來為了離婚，混戰三年，弄得血肉模糊，非常難堪。最後薄一波出面，主持薄熙來和谷開來結婚，事情才告了一個段落。谷開來驚魂未定，她和薄熙來愛情的「結晶」就在一九八七年十二月十七日，呱呱墜地。這就是薄熙來的第二個兒子薄瓜瓜。

薄熙來和谷開來因為偷情而結合，但是經過李丹宇的長期吵鬧和抗爭，倒是顯得這份愛情來之不易。因此此後許多年當中，谷開來和薄熙來夾著尾巴做夫妻，既恩愛，也非常低調。谷開來為了薄熙來，從北京跑到金縣這樣的鬼地方，倒也是不容易。所幸薄熙來靠著江澤民的步步提攜，很快就到大連做了市長。

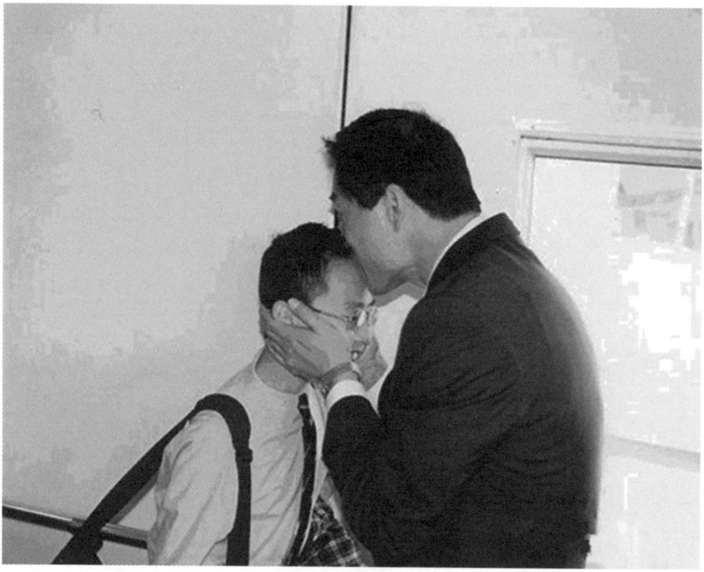

薄熙來和薄瓜瓜

據谷開來說，從一九八八年到一九九六年以前，谷開來和薄熙來一直住一套普通居民房。這套房子的客廳只有六個平方米，還擠著一張飯桌。市長家人來人往，來人進門就得坐飯桌邊。門外常常是滿滿當當的人——百姓們隨便都可以來堵市長的門。市長午夜前又不會回來，市長的妻子「哥們夠意思地」忙著接待各種素不相識的面孔。

這夫妻二人不唱歌，也不跳舞。一次春節，他倆請幾位副市長偕同夫人一起過節，每個小家庭做一個菜，他倆的菜大受歡迎。席間每個家庭都要表演一個節目，他倆趕緊現場排練一起唱兩句兒歌：「兩隻老虎，兩隻老虎……」這種說法，真假難辦。但是他們此後有相當長一段時間，比較低調和夾著尾巴，這倒是實情。說來這還得感謝李丹宇的大鬧一場；否則照著這兩個人的個性，從那個時候就開始出風頭，全國人民都得被他們煩死。

薄、李、谷三家，都是山西人，都是為中共打天下的老傢夥，毛澤東手裡也都吃過苦頭，鄧小平那裡又得到了一個長壽的晚年。如此一來，薄李兩家，斷絕了關係，倒是薄谷兩家，越走越近。本來是薄熙來大舅子的李小雪，現在也終於成了他的連襟和姐夫。只是這個連襟，也不願搭理薄熙來這個「妹夫」。

遷居大連築愛巢

在有了兒子瓜瓜之後，薄熙來、谷開來夫婦第二年他們就從金縣搬到了大連市，也就是在這一年，谷開來取得了律師資格。

按照前香港《文彙報》駐大連記者姜維平的說法，薄熙來一家人正式遷居大連的時間是一九八八年，此前四年間，薄熙來一會兒在金縣，一會兒在北京，兩個地方飛來飛去，反正乘飛機從大連到北京才四十五分鍾，他有公款報銷，根本無所謂。從嚴格意義上講，他在金縣沒有家。谷開來對外界講，她是薄到金縣後與其相識的，這是謊言，據原香港文彙報駐廣州辦事處副主任林某披露，早在北大讀書時，薄熙來就經常去看谷開來，那時他與前妻尚未離婚，谷開來稱其與傅天仇到大連訪問金石灘時，被下派幹部薄書記吃苦耐勞的精神打動，才與其相戀，顯然是說謊。

他們把家選在大連老虎灘附近的海軍大院，原因：一是空氣清新，依山傍海景色優美；二是大連水面艦艇學院裏面安全，外面有全天二十四小時崗哨。慣於與人民為敵的薄熙來，最怕別人暗害他及其家人；三是由吳勝利當院長的海軍大院，是中國海軍艦艇營長以上幹部的搖籃，此處信息靈通，與這些人結交，有利於日後在中共高層發迹；四是福利待遇好，做什麼都不用個人買單。

薄熙來與谷開來築起愛巢後，出入有專車，前後有保鏢。挂警燈，響警笛，橫衝直撞，路人側目。光他老婆谷開來，本來是個沒有任何個人資曆的小律師，卻有一個專職秘書趙某。谷開來喜歡與文化人交往，亦不甘寂寞地直接插手大連文聯的人事安排，把自己看中的人推薦到肥缺的位置上。

她本人跟畫家張興君學畫山水，兒子還常到陶藝家邢良坤家學藝，當然這一切都是免費的。谷開來不僅經常出席類似公關活動，而且辦了所謂中國民俗文化研究所，籠絡文人，互相吹捧，設有賬號，名利雙收，尤其是在大連日報副刊部，直接安排自己的親信，原金縣人馬某當了領導，排擠另外學有專長的著名散文家王某某等人。

開辦律師事務所

薄熙來夫婦從金縣搬到了大連市那年，谷開來取得了律師資格，並且立即開辦了自己的律師事務所，取名就叫作「開來律師事務所」。

上個世紀八十年代後期，律師業悄然興起，但大連地處沿

開來律師事務所

海小城，五百萬人口中，對律師業有清晰認識的人不多，律師生意難做。然而谷開來一挂出律師所的牌子，立即顧客盈門。大連司法界人士憤憤不平地表示，假如她在深圳開辦律師事務所，不在大連當地經營，這問題不大。但她在自己老公當權的小城市大連就地開業，會形成怎樣一種不公平的局面呢？一方面是法院對她承辦的民事訴訟案件有理亦讓三分，誰都怕薄大人公報私仇，另一方面是財大氣粗的企業，無一不希望她作為自家的常年法律顧問，以便借機向市長進貢，做感情投資。這樣名正言順，也不違法。但實質上這是變相的行賄受賄。

可想而知，市長夫人開的律師事務所，包辦官司，生意興隆。當年中國田徑隊長跑教練馬俊仁，在大連搞訓練基地，曾經創出「馬家軍」長跑隊伍，在國際大賽中屢獲金牌。但馬俊仁為人苛刻極端，因此受到不少人詬病。作家趙瑜曾經寫了一篇報告文學《馬家軍調查》，登在《中國作家》雜誌上。本來這是很正常的事情，馬俊仁既然是名人，就應該接受批評。偏偏當時已經成為大連市長夫人的谷開來不甘寂寞，非要給馬俊仁撐腰，於是用她那現成的律師事務所和趙瑜與《中國作家》雜誌社打起了官司。打官司還不夠，還專門出了一本書《我為馬俊仁當律師》，進行自我吹捧。

但後來一位遼甯記者宋協龍於一九九九年在香港《前哨》雜志刊發了一篇題為《薄一波兒媳開來與馬俊仁的一場鬧

谷開來在一九九八年出版了一本《勝訴在美國》

劇》的稿件，用事實揭露谷開來在大連沽名釣譽、打壓作家趙瑜的一場鬧劇。刊發後，引發大連政壇地震，薄熙來憤怒地指責這篇文章以及其它批評稿，是海外敵對勢力對大連的滲透。

於是，宋協龍便被薄熙來整得很殘。

隨著薄熙來的官越做越大，谷開來的成名欲也越來越強。一九九八年，谷開來又出版了一本《勝訴在美國》的「暢銷書」，似乎她這個律師，更重要的工作就是寫書宣傳自己一樣。後來她在大連開辦的律師事務所，擔任大連上百家企業的法律顧問，可謂是財源滾滾。一九九五年，她在北京創辦「開來律師事務所」並任所長。

薄一波要江澤民提攜兒子

立志從政的薄熙來，當初告別北京到金縣任職就是聽取了父親薄一波的建議，而他後來一步步獲得提升，背後也都是靠著老爸的余蔭與影響。

中共建政後，薄一波擔任多年國務院副總理兼國家經濟委員會主任。但文革期間，一九六七年三月十六日，中共中央發布了《關於薄一波、劉瀾濤、安子文、楊獻珍等人自首叛變問題的初步調查》文件。因為所謂「六十一個叛徒案」，薄一波成了「黑幫」、「叛徒」，慘遭摧殘、迫害。

薄熙來當時十八歲，是紅衛兵組織「聯動」成員，宣揚「老子英雄兒好漢，老子反動兒混蛋」的「血統論」。期間響應當時

薄一波被批鬥，兒子薄熙來竟然六親不認，將他一頓毒打

造反派的「革命潮流」，聲明和被打為反革命的父親薄一波斷絕父子關系。他的母親胡明，則在遭受野蠻迫害後，憤然自殺。

據薄一波回憶，文革時候，他被江青宣布為叛徒，兒子薄熙來竟然六親不認，將他一頓毒打，拳打腳踢。薄一波後來自己說：「文化大革命中揀了條命。別說人家要整死咱們，江青一宣布我是叛徒，連我兒子小熙來也給我一頓鐵拳，把我打得眼前一黑摔倒在地上。這個狠小子，又照前胸踏了我幾腳，當時就有三根肋骨被踹斷。看他這個六親不認，手毒心狠連他爹都往死裏整的樣子，這小子真正是我們黨未來的接班人的好材料。今後肯定會有大出息。」所以，薄一波平反重新出山後，安排其他兩個兒子下海經商，卻唯獨留下薄熙來在政界發展。

而薄熙來從金縣副書記一步步攀上遼甯省長的高位，則主要是靠當年的中共總書記江澤民。因為江澤民感激薄一波關鍵時刻的「保駕」之恩，作為回報，便關照薄熙來一路高升。

一九八九年六四天安門事件後，薄一波等元老協助鄧小平穩住政局，並在一九九二年中共十四大前，幫助時任中共總書記的江澤民擺平陳希同（北京市委書記）、楊白冰（國家主席楊尚昆的弟弟、中央軍委秘書長）等政治對手。江澤民為了在十五大上逼退喬石，由當時八大元老唯一尚存的薄一波向喬石施壓，換取江澤民照顧其子薄熙來的仕途。一九九七年中共十五大閉幕之際，薄一波代表中共元老充分肯定以江澤民為核心的中共第三代領導集體，江澤民自然對薄一波懷有感激之情。

為了報答薄一波的幫助，江澤民曾經向薄一波問起，有什麼事情需要幫助。薄一波只提出一個要求，就是幫助薄熙來在仕途上晉升。江澤民便一口答應下來。當時，江澤民資曆淺薄，急需中共原老薄一波在背後支持，特別是利用他在軍隊中與張震等人的老關系，操控國家機器。六四事件使他認識到，唯此唯大。反過來，長壽的薄一波深知自己由於健康原因，不僅不得不淡出政壇，且難免一死，必須趕快培養兒子薄熙來。江澤民承諾，他只有從基層幹起，才好為其講話，所以薄由金縣到大連，當了大連市的宣傳部長，後來又擔任大連市長、遼甯省長。

借夫權迅速上位

谷開來是一個處處想拔尖的精明女人，也由夫權大變看到了生財之道，趕忙成立了律師事務所。

據姜維平先生在《薄熙來谷開來夫婦的謊言》一文中說，谷開來的律師所從一九八八年一直開到了二零零七年。後來，那個「開來律師事務所」改名為「昂道律師事務所」，但谷開來仍然是幕後老板。

薄熙來當大連開發區書記時，谷開來律師事務所誕生在金豐賓館，薄熙來當市長，它搬到了北京亞運村和大連的百麗大廈，薄升任遼甯省長，谷的事務所做東北制藥的生意，薄再任商務部長，她的事務所做長春百貨的業務等等。一九九九年，谷開來還以律師所的名義開辦了《大連二十世紀建設成就展》，地點在星海國際會展中心，大連新聞單位的主要記者都參加了。記者們是由谷開來的生意「搭檔」程益君招待的，他是美籍華人，惠瑞斯顧問投資有限公司名義上的老板。其實，這個程益君就是谷開來的代理人。

二零一零年三月六日，有人問薄熙來：我知道你的夫人是律師，在工作中，她的專業知識是不是給了你很多幫助？薄熙來說：「我的夫人谷開來是中國第一批律師。不僅法律知識，國際文化的知識也很豐富。她的知識，特別是法律知識在『打黑』中給了我很大幫助。」薄熙來還借機表達對妻子的感謝：「為了我，她做出了巨大犧牲。十幾年前律師事務所辦得正紅火的時候急流勇退，專心做學問，我是很感動的。」

二零一一年，薄熙來在重慶會見到訪的香港媒體參訪團時，再次大談妻子谷開來為了他，放棄了原本大好的律師前程，說什麼早在大連任職時，谷開律師事務所就都撤了，籍以標榜自己的清廉。

但實際上，谷開來根本就沒有「急流勇退」，她的事務所不僅沒有撤，而且把律師所業務辦到了全世界各地，但是根子還是在大連。谷開來發財靠的是權勢。薄熙來長期以來透過妻子谷開來的律師事務所從事貪汙，營業額以億元人民幣計算。

近年來，由於香港《前哨》雜志等媒體的揭露與報導，北京開來律師事務所的名聲不佳，特別是二零零七年薄一波死後，薄熙來因為得罪了胡溫和吳儀，意識到了內鬥折戟的危險，谷開來才真的在重慶表面上不做律師業務了。薄熙來與谷開來還擔心，原先印在名片上的香港與紐約的分所地址，會使中紀委順藤摸瓜，追查他們的海外資產。所以便改名為北京市昂道律師事務所。但新瓶裝舊酒，換湯不換藥。其公開刊登在網絡上的信息稱，該事務所是由著名大律師谷開來女士創辦的，借鑒英美律師事務所的操作方法，結合中國實際情況而建立的綜合性律師事務所，主要處理國內和中外經濟、文化往來中涉及到的各種法律業務。客戶分布在美、英、加、日、韓、新、港、台和歐洲少數國家及國內部分省市。薄熙來，谷開來繼續發財。

一人得道雞犬升天

曾有著名書法家於植元表示，薄熙來當市長，老婆開律師事務所，大家都很有意見，原司法部長蔡誠視察大連時，對他說，他們夫妻這樣搞，大連還能有法律嗎？這個問題問出了問題的實質。薄熙來、谷開來夫婦二人合夥貪占。為繼續向上爬，把部分利益拱手送給中南海的高官，在大連為陳雲的後人建了三屏花園，陳雲的後人陳偉利搞了新創公司，集資數千萬；王震的兒子建了五彩城；李鐵映的兒子李力踐搞了房地產開發和貿易公司，即金生企業，占據了麗苑大廈。

由於薄熙來貪腐帶動了他身邊人的巨額的「貪腐產業」，

他提拔的副市長劉長德主管城建多年，不僅從國營的大出公司的董事長林某手裏大肆索賄受賄，而且，兩個兒子都辦了公司，一個搞裝修，一個賣建築材料，每年都盈利千萬，他的秘書韓某，也肆無忌憚地吃拿卡要，辦事受賄數千萬，劉長德還在營城子鎮大黑石村擁有多套別墅，包養情婦多人，生活奢靡，臭名遠揚。人稱「劉老爺」。

薄熙來的秘書吳文康更是一個大貪官，不論是多年給薄當政治秘書，還是在市政府口岸委當副主任，都以權謀私，其夥同李鐵映的兒子李力踐倒賣地皮，介紹項目，聯系貸款，私放犯人，從中漁利上億元，他的哥哥吳某，常年在大連嘉信國際酒店包房，依靠吳文康牽線搭橋，專門做酒店用品生意，其幾乎囊括了大連五星級酒店用品的全部大買賣。

另一秘書車克明更是貪得無厭，他在金州灣裏鄉大搞房地產，也發了大財，而且，把聯系商人結識薄市長當成明碼實價的生意，中介服務，大肆斂財，官場無人不知。他還通過辦事到處騙錢騙色，連老婆都和他離了婚，與其劃清界限，他主管的安全局在上個世紀變成了「貪腐局」，下屬官員，多有貪腐，安全局長萬國濤，處長王富選、鄭義強、彭東輝等人，一方面利用現代化手段打擊政敵，制造冤案。

薄熙來的一個兄弟薄熙永，利用薄熙來的招牌，參與光大

薄熙來的秘書吳文康

集團的生意，和大連民企宏孚企業集團搞房地產開發，也從中漁利，並在溫哥華有大筆投資生意和產業，薄熙來太太谷開來的男秘程毅君在美國，上海都依靠薄熙來的權勢賺大錢，其在大連柏麗大廈六樓搞的惠瑞斯顧問投資有限公司注冊資金才五萬元，但一九九八年的利潤就一億七千萬，他還以大連「榮譽市民」，政協委員的名義，公開接受薄熙來的嘉獎，組織了「二十一世紀大連建設成就展」，既賺足了大連人的錢，又騙取了好名聲。

這還不算，薄熙來的情婦，大連著名服裝模特於某，還在大連金石灘籌建了服裝模特學校，由市政府每年撥款六百多萬，搞教學和公關，這還不過癮，管委會主任王傳志還一度把政府辦公樓倒給於某辦學校，群衆說，什麼服裝模特學校？還不是給薄熙來選美用的，那幾年，薄熙來用這些美女如雲的「肉彈」，打倒了不少中南海高官。

其實，薄熙來從來都在貪腐的汙泥之中，不能自拔，從金縣的高檔賓館，到金石灘的紫陽樓；從金石高爾夫俱樂部，到大連飯店，薄熙來及其家人，每天都過著紙醉金迷的花天酒地的生活，從谷開來身邊穿黑色西服的男助手，到薄瓜瓜在哈佛的美籍保镖；從薄熙來與衆多女影星，女名模，女球星，女記者的私情糾葛，到不離左右的谷律師的男同事程毅君，他們的家人親友，等等，都盡顯物質生活的奢華和排場，精神生活的貪婪與虛僞。

李望知廢物利用

時間真是奇妙的東西，它不僅能夠使人忘記過去，而且可以顛倒眾生，把個千姿百態的大千世界，顛來倒去。多年以後，薄熙來在江澤民臨退之前，終於回到北京，出任商務部部長。經過多年夾著尾巴做夫妻的薄熙來和谷開來兩人，也把當年被李丹宇追打得抱頭竄鼠的傷痛忘得一乾二淨，開始在官方媒體

薄一波的長子李望知

大吹大擂，而且大談自己的戀愛經過。甚至把那段並不光彩的偷情經曆當作光榮曆史來宣揚。

　　當薄熙來和由二奶轉正的谷開來沈醉在大連的奢華環境中盡情享樂賺錢時，他的前妻李丹宇，在抗爭了十來年之後，卻突然保持沈默了。原因何在呢？原來血濃於水，她和薄熙來的兒子李望知，長大以後，居然也從北京大學法律系畢業，接著又去美國紐約的哥倫比亞大學自費留學。作為一名普通的軍醫，李丹宇自然承擔不起每年幾萬美元的開銷。於是，她示意讓兒子去找自己的生父去要錢。

李望知，出生於一九七七年，是北京大學法律系一九九六級畢業生。在學期間，喜愛體育運動，多次參加校田徑運動會。他還酷愛自行車運動，曾經在一九九八年四月發起組織了「八達嶺--北京大學首屆首都高校自行車拉力賽」。畢業後，他先是在北京中經律師事務所當律師；不久，便前往美國留學。

李望知多年來受媽媽的影響，視薄熙來為仇人，雖然留學需要錢，也不願意去向他開口。所以李丹宇只能托哥哥李小雪給薄熙來帶了個口信。因為李小雪從大舅子便成為姐夫之後，還一直同薄熙來保持著一定聯系。所以，他瞞著老婆谷丹，又繞過了谷開來，悄悄告訴薄熙來，兒子出國留學需要錢。這薄熙來不知是出於父子親情還是對李丹宇有所愧疚，沒有絲毫猶豫，便慷慨答應出資。

薄熙來的「貢獻」，成為李望知出國留學的主要財政來源。而薄熙來卻並非自己掏腰包供兒子去留學，而是暗中把這個任務交給了自己的「錢袋」、大連實德集團董事長徐明。徐明立即派手下為李望知作出安排。所以，李望知在紐約讀書期間雖然並不富裕，但是也還算是衣食無憂。

幾年後，李望知以海歸身份從美國回國。回來以後，大概

李望知（打電話者）從哥倫比亞大學碩士畢業

是感激老爸這些年出資供養，他放棄了對薄熙來的敵對立場，一頭紮到了大連。薄熙來在大連經營了十多年，因此還有很多資源。結果李望知廢物利用，理直氣壯地打著薄熙來兒子的旗號，在大連經商。其母親李丹宇也跑到大連去給他幫忙。幾年下來，李丹宇和李望知賺得滿缽，住別墅，開名車，不亦樂乎。所以薄熙來和谷開來大吹大擂，李丹宇竟然也懶得去理，索性就保持沈默。

如今，這李望知生意越做越大。他投資號稱中國最高檔牛肉的大連雪龍黑牛生意。最初，李望知通過一個在香港注冊的公司與日本大東海運産業株式會社，共同投資大連雪龍黑牛股份有限公司。該公司專門養殖號稱「結束中國沒有高品質牛肉曆史」的「雪龍黑牛」。根據大連雪龍黑牛公司的網站，雪龍黑龍的生活是「聽音樂、做按摩、睡軟床、吹風扇、吃熟食」，因此才能產出具有「欣賞價值、營養價值、賞味價值和開發利用價值的功能型牛肉」。雪龍黑牛頂級牛肉出口日本，價格超過每公斤三百美元。

當年，李望知二零零一年從美國哥倫比亞大學畢業後一直從事投資活動，包括曾在花旗集團任職。投資公司麥格理資本集團在二零一一年發布的一份報告稱李望知（英文名字Brandon Li）從事商業活動，業務主要集中在北京和大連。

根據美國證券委員會的檔案，一家名叫老牛投資有限公司（Laoniu Investment Limited Co.）的毛里求斯注冊公司，執行董事名叫Brendon Li。據北京大學企業家俱樂部網站，李望知是一家名叫老牛慈善基金（Laoniu Fund）的創始合夥人。老牛投資是老牛慈善基金旗下的投資子公司。麥格理資本證券在二零一一年七月的一份報告中談及李望知的父母時說道：「他們的兒子李望知（Brandon Li）是哥倫比亞大學的畢業生，目前正在北京和大連發展事業。」

在中國的商業圈子裏，李望知一向比較活躍。他以化名李小白出任北京大學企業家俱樂部理事。而這個俱樂部的成員都是北大畢業的中國富豪，其中包括百度創始人李彥宏、新東方創辦人俞敏洪以及北京中坤投資集團董事長黃怒波等。俱樂部網站對李小白的介紹是：「北京大學一九九六級法學院。美國哥倫比亞大學金融學院。和才基金合夥人。北京大學慈善、體育與法律研究中心研究委員會研究員。曾供職於花旗銀行直接投資部，老牛慈善基金創始合夥人。服務於金融界超過七年，曾任職於花旗銀行。成功參與過中國最大外資不良資產收購、處置交易、直接投資西環廣場、大連雪龍等，對投資判斷具有豐富的經驗。」

另外，有媒體調查發現，李望知似乎與一家名為「北京重耳投資咨詢有限公司」有關。重耳是春秋五霸之一晉文公的名字，他在年輕時曾因父親晉獻公的寵妃驪姬的陷害而被迫逃亡。晉獻公寵愛驪姬以及驪姬與他生的兒子奚齊，而驪姬則為了奪重耳的太子之位以便讓自己的兒子繼位而謀害重耳。曆史上驪姬和奚齊死於內亂，而重耳則最終奪取晉國王位，成就一代霸業。

李望知不但選擇春秋五霸之一齊桓公的名字「小白」作為自己的化名，而且選擇重耳命名自己的公司。這是否借古諷今、甚至暗示自己的命運？十分耐人尋味。因為春秋時，公子小白在擊敗手足奪取王位後成為齊桓公，成為春秋五霸之首。如今，李望知是不是暗示谷開來要對自己下殺手，而且暗示自己將最終獲勝？

第五章

占要津薄谷全家上
靠家族結網保財源

126

谷家「五朵金花」朵朵不差

谷景生的五個女兒個個都不簡單。除了最小的女兒谷開來成為薄熙來夫人之外，其他四個女兒也都有著精明的商業頭腦，在撈錢方面人人爭先恐後，而且都有各自的絕招。其中，谷開來的大姐谷望江、二姐谷政協、三姐谷望甯，個個叱吒商場，經營著價值達一億兩千六百萬美元的商業王國。她的四姐谷丹也嫁了權貴李雪峰的兒子李小雪。

谷開來的大姐谷望江，生於一九四七年，曾用名字「汪江」，擁有香港身分證。她早年曾經先後在武漢水運工程學院、北京財貿學院任教。她於上個世紀九十年代初便已經到香港經商。谷望江於一九九二年通過自己控制的喜多來集團有限公司，以一千三百二十五萬元購入陽明山莊九座環翠軒十六

大姐李望江

樓五十七室,面積大約兩千六百二十平方呎;後來於一九九九年向秦錦钊旗下的建萊集團,以兩千二百四十萬元,購入上層十七樓五十七室,面積同樣是兩千六百二十平方呎,使得兩個單位有潛力打通成五千二百四十平方呎的複式巨宅。十一年之後,谷望江在二零一零年以八千八百萬元、每平方呎單價一點六八萬元,一並出售了那兩座住宅。僅一筆生意就勁賺逾半億元。

谷望江最貴重的資產，包括深圳上市公司東港股份的三成股份，東港的客戶包括內地多間大銀行及電訊商。東港股份成立於一九九六年，二零零七年在深圳挂牌上市。據該公司網頁介紹，東港股份的主要業務為印刷安全票證、制作銀行卡。公司總部設於山東省濟南市，目前在濟南、北京、上海、廣州等地有生產基地。該公司亦承接很多政府部門及國家機關包括財政部、交通部、民政部中國福利彩票發行中心、國家郵政局、中國人民銀行的印刷生意。

其他資料顯示，谷望江與谷望甯一九九一年年在香港開設喜多來集團。該集團在其網頁指出，喜多來在內地擁有二十多間合資及獨資公司，業務廣泛，包括鋼鐵、印刷、造紙、包裝材料、船務工程、環保、建築材料等。在深圳上市的東港安全印務即是其中之一。據悉，其市值二十多億元人民幣，客戶包括內地多家大銀行及電訊商。

谷望江的生意做大之後，自己身兼的頭銜有一大堆，以至於有時連她自己也記不大清了。她目前的頭銜包括：香港喜多來集團有限公司董事、Infomatic Resources Limited董事、山東海豐船舶工程有限公司董事、邯鄲富江鋼鐵有限公司副董事長、邯鄲富川煉鐵有限公司董事、日照大地伊索新建材有限公司董事長、日照大地金屬材料加工開發有限公司董事長、日照大地彩塗板有限公司董事長、Joy Spring Limited董事、北京東

谷政協（左二）在視察工作

港安全印刷有限公司董事、新疆東港安全印刷有限公司董事長、北京東港嘉華安全信息技術有限公司董事長、廣州東港安全印刷有限公司董事長、成都東港安全印刷有限公司執行董事等職，目前為本公司董事長。

谷開來的二姐谷政協也頗不簡單，她是中國數一數二特大型國企「中國機械工業集團有限公司」的紀委書記。這家中央管理式國企的業務涵蓋工業、農業、交通、能源、建築、輕工、汽車、船舶、礦山、冶金、航空太空等國民經濟重要產業領域，二零一零年三月的資產額為人民幣一千三百就是二億元。

谷開來的三姐谷望甯也是身兼多職，她既和大姐谷望江一道經營喜多來集團，同時也控制著北京中嘉華投資咨詢有限公司，是公司的第三大股東。她並且還在漢江全球有限公司擔任董事。

谷開來的四姐谷丹前面已經介紹過，她嫁給了中共元老李雪峰的長子李小雪。李小雪目前是中國證監會紀檢書記。

谷家姐妹不僅累積大筆財富，而且設法把某些資產轉移海外。報道稱，她們有一家在香港登記的公司，可追蹤到英屬維爾京群島。

這就是中國人民解放軍開國少將谷景生老先生的「五朵金花」，個個身價不菲，都有著金錢與名譽的雙重身份.....

薄家七子女氣勢更盛

薄熙來被停職之後，負責審查他的中央專案組特別派出一個工作小組到香港，專門調查薄谷兩家在香港的龐大財產及盤根錯節關系，這個小組的成員中，既包括公安人員，也包括財經部門人員。僅此一點，便可以說明薄谷兩家撈錢的氣勢之盛。而有資料顯示，在過去十年間，薄熙來親屬聚斂的財富則超過一億六千萬美元。

中共元老薄一波兩任夫人生三女四子，除了長女外，其余皆為第二任妻子胡明所生。

老大(女兒)薄熙瑩:駐丹麥大使鄭耀文夫人(已去世)。

老二(兒子)薄熙永(李學明):中國光大集團副總裁。

老三(女兒)薄潔瑩:留美醫學博士。

老四(兒子)薄熙來:前商務部部長、重慶市委書記。

老五(女兒)薄小瑩:北京大學曆史系副教授。

老六(兒子)薄熙成:北京六合興飯店管理公司董事長、中信證券股份有限公司獨立董事。

老七(兒子)薄熙甯:北京六合興集團有限公司董事長。

薄熙來的大哥薄熙永,畢業於清華大學機械系,曾任北京油嘴油泵廠廠長。他以化名「李學明」擔任中國光大集團執行董事兼副總經理。光大國際主要業務為大陸環保産業,包括垃圾發電及汙水處理等。

薄熙永身為薄家長子,一直很低調,即便在光大集團及旗下子公司光大國際任職,但鮮少出席公司的業績發布會等活動。不過,薄熙永也是全國政協的特邀委員,因此每年人大、政協兩會,都可見到他的身影。但他每年年薪高達一百七十萬美元,而且還持有價值兩千五百萬美元的股票。

薄熙來被提職後,光大國際於二零一二年四月十八日在香港召開周年大會,但作為薄熙來兄長的公司執行董事兼副主席李學明則缺席會議。行政總裁陳小平當時回應說,李學明目前

薄熙永化名李學明

人在北京，但未回應其是否正協助相關部門調查。同時，光大董事會表示，尚「不能判定」李學明是否就是薄熙永，但正就此展開調查，結果將向股東公布。

陳小平表示，自己與李學明長期共事多年，「我覺得他為人低調……至於他背景怎麼樣，我們作為公司管理層，關注的重點是公司的發展，不會去交流這樣的事情。」然而，董事會一直「意識到他有其他的姓名」，但在本人確認之前尚「不能去判定」。

光大國際為光大集團的子公司，總部設於香港，從事內地垃圾發電、汙水處理等環保產業。談到是否經常能在香港與李學明見面,行政總裁陳小平僅含糊回答:「他在北京總公司也有任職,也有一些業務。」據該公司年報顯示,李學明自二零零三年加入董事會,任執行董事。但陳小平強調,李學明雖為執行董事,但並非「管理委員會」成員,不會直接參與公司的日常經營活動,「但是在公司這些年的發展中,提出了一些專業的、客觀的、公正的、具有積極建設性的建議。」

在中央調查組赴香港調查薄谷兩家的財產的消息被曝光後,光大國際立即受到衝擊,股價應聲下跌七個百分點。

薄熙來「錢袋」徐明

薄熙來倒台後,大連實德集團董事長徐明,也因涉經濟案被中紀委控制。徐明不但是靠薄熙來支持而發達的著名富豪,更是薄熙來家人的幕後金主。薄熙來的妻子谷開來透過徐明在大連大肆斂財;薄熙來的兩個兒子李望知、薄瓜瓜更曾經靠徐明資助留學歐美。

徐明,出生於一九七一年四月,遼甯大連人,沈陽航空學院專科畢業。徐明初生在莊河一個名叫吳爐鎮的村莊。早年家裏生活非常艱苦,徐明的父親徐盛家在有了四個孩子後曾去北京學習,四個孩子就跟奶奶在這個小屋度過了貧窮的童年。後來

徐明

徐盛家學成回到村裏，在光華村大隊擔任村幹部，徐家的生活才開始有了起色。

徐家兄弟姊妹四人，徐明是最小的老小。他上面有一個哥哥，兩個姐姐。據鄰居們回憶，少時的徐明孤言寡語，「雖然很聰明，但實在看不出日後會成為億萬富翁的架勢」。徐明在光華村的村辦小學上學，後來隨著家庭條件的改善，初中就讀莊河三十一中，高中就讀於莊河第二中學。在當地，都不算太好的學校。

一九八八年八月，徐明進入沈陽航空工業學院學習。不過據《商務周刊》調查，徐明考入的是該院成人教育學院國際經濟與貿易專業專科，而非該院經濟系國際經濟與貿易專業正規本科。當然，英雄不問出處，學曆代表不了任何問題，只是後來徐明脫穎而出後被演義的「兩年跳級完成學業」的「神童」表現，卻並非事實。

徐明自稱其商業經曆是從求學的沈陽航空工業學院開始的。徐明向媒體介紹，自己從沈陽五愛市場批發一些日用小商品，「坐公共汽車背兩個包東西拿到學校來賣，價格翻兩倍到三倍。現在想起來可能不太道德，但實際上利潤率非常高，都是兩三倍的利潤」。一九九零年八月畢業後，徐明回到大連，進入莊河市對外經貿委員會工作，很快又調入經貿委下屬的全民所有制企業莊河市工業品對外貿易公司。

莊河市工業品對外貿易公司是莊河外經貿委唯一的貿易公司，由當時該市外經貿委主任楊興普在一九八九年八月領導組建而成。後來成為大連實德集團副總裁的隋信敏，當時也從莊河市計委調到這家公司擔任業務科長的二把手職位，時年二十八歲。也就是這家有著政府背景的貿易公司，成了徐明和大連實德集團打造「商業帝國」的起點。

從一九九零年八月到一九九二年年中，按照徐明自己的介紹，是鑽了政策的一個空子，以熟蝦代替生蝦搞對蝦出口的時期。據對大連對蝦出口市場熟悉的人士向《商務周刊》介紹，當時確有許多人都在這麼做，借此賺了大錢有名有姓的不少。一九九二年十一月，莊河市工業品對外貿易公司進行了公司變更，二十一歲的徐明取代了一位剛剛在經理位置坐了一年的領導，成為該政府公司的經理和法人代表。

就從那時開始，徐明的生意越做越大，後來組建了「實德集團」，自任董事長。經過十多年發展，實德集團已形成以塑料異型材為主的化學建材、石化、金融保險、文化體育等四大產業格局，在大連、成都、浙江嘉興、珠海、天津建立五大生產基地，擁有自己的研究院。徐明更擁有一架自己的私人飛機。

在「二零一零年胡潤百富榜」上，徐明位列全國第八十五位，身家高達一百三十億元人民幣。同時，徐明還擁有「遼甯省優秀鄉鎮企業家」、中國致公黨中央社會服務部副主任、遼甯省政協常委等耀眼的頭銜。而所有這一切的取得，與當時的大連市長薄熙來的大力扶持密不可分。

知情者說，誰也說不清這十幾年裏薄熙來、谷開來究竟從徐明那裏拿回多少好處，但是薄熙來夫婦所有需要花錢的事，都是由徐明去付賬。其中兩個兒子李望知、薄瓜瓜海外留學的學費生活費、特別是薄瓜瓜的奢侈揮霍，絕大多數都是由徐明「買單」。不過據說，這方面的開銷才不過是九牛一毛，真正的「大頭」，外界根本想象不到。

有一次，徐明因為「拿下」一個可以賺大錢的項目，一高興喝多了。當別人吹捧他有「通天」的本事時，他順口說了句，通天的路是拿錢鋪的，就說這個項目吧，將近一半的利潤要進貢。周圍的人一下傻眼了。因為那個項目至少會有十四五個億的利潤，一半就是七八億，薄熙來只是批給徐明這一個項目，便可以坐擁幾億元的好處費。

中紀委調查徐明

薄熙來下馬後，與薄關系密切的多名東北富商紛紛被當局調查，包括大連實德集團董事長徐明、大連萬達集團董事長王建民等。四月十五日出版的《財經國家周刊》證實，三月十五日即薄熙來被宣布去職當天，徐明即被中紀委以涉嫌經濟案件罪名控制。報道指中紀委駐紮大連已多日，涉案被查的富豪不止徐明一個人。

除《財經國家周刊》外，網易和北京《每日經濟新聞》網也跟隨報道徐明被抓消息。報道指，中國建設銀行已開始追繳大連實德的貸款，並全面停止對實德的貸款。網易援引實德部門負責人稱，他們也聽聞董事長徐明被調查的消息，但公司內部並沒有說明，沒有權威的說法，且政府也未有定論，故公司仍運作正常。

與薄熙來關系密切的大連多名富商獲悉薄熙來被撤職後，如驚弓之鳥，有人企圖離境時被海關攔截。他們與一衆支持薄熙來的官員，這些人自二月份王立軍事件發生一來，一直遊說各方，試圖保住薄熙來的烏紗帽。

三月三十一日，大連實德證實，董事長徐明失去聯系，並向大連市委市政府進行了書面報告。之後，多有媒體報道，實德資金鏈高度緊張，《二十一世紀經濟報道》稱，實德系共有百億貸款，並開始「放風兜售金融資産，欲斷臂求生」。其實，實德大部分金融股權都在質押中，已經取得資金逾六十億。同時，自從二零一二年三月以來的一個月多月內，實德面臨約八個億的民間借款還款壓力，這些一月期借款的月利率高達百分之四點五。

早前的四月十四日，大連實德發表聲明稱，生產經營秩序正常，各項工作在穩步推進。而在四月十五日，中超實德客戰富力，以零比已告敗，當時在聯賽中排名倒數第一。　　同時，伴隨著資金危機浮出，這家號稱以塑鋼建材為核心的「實業航母」，能否如期償還近期的高利貸還是個問題。

同時，四月八日，重慶北碚區蔡家組團，渝武高速東側一片荒地上，大連實德集團的光華醫院項目還未開建，只在一塊平地上堆了部分建材。按照設計方案，光華醫院以打造專業化的三甲醫院為目標，內設駕駛員體檢中心、傷殘鑒定中心、安康醫療中心等專業醫療。

據蔡家組團管委會的工作人員稱，項目的總投資約為十五億元，目前還停留在辦理前期手續階段。據介紹，手續遲滯和未開工的主要原因就是缺錢。光華醫院的投資方為光華輝煌（北京）資產管理有限公司。而光華輝煌的法人代表為實德集團常務副總裁馬祖銓，注冊資本一千萬元。

實德的另一個醫療項目，深圳龍珠醫院的資金問題更加棘手。因為資金斷流拖欠物業費，在三月二十七日出現保安堵門事件，病人一度無法進出。據實德內部工作人員介紹，截止到三月二十七日，龍珠醫院尚拖欠藥品款一千六百萬元，連同醫院的一些工程款和物業費等共欠兩千一百萬元。除此之外，還有許多被擱置的土地開發項目，急等資金投入。

直到這時人們才注意到，所謂的「建材航母」大連實德集團由於過度擴張，經營不善，早已負債累累，成為一個空殼。而剝光這個空殼的，除了徐明之外，還有他的靠山薄熙來、谷開來夫婦。

「愛將」牛鋼

薄熙來與谷開來的兒子薄瓜瓜在進入哈羅之前五六年在英國念英文的錢卻不是由徐明出的。那時的徐明還沒有發迹，因此也還沒有攀上薄熙來夫婦。而那時谷開來母子在英國的開銷，全部都是大連大商集團有限公司董事局主席牛鋼出的。代價則是薄熙來利用當大連市委書記和商務部長期間的職權，力主幫助大商集團壟斷大連商業。

牛鋼何許人也？他出生於一九六零年，曾任大連商場辦公室秘書、副主任、副總經理，大連市第二商業局人教副處長，公司總經理。現任大商集團董事局主席，黨委書記。

牛鋼這位被譽爲「薄熙來的愛將」的年輕老闆，在薄熙來的斡旋下，東北不少國有商業網點以極低的價格賣給了大商集團。牛鋼正是這樣發家的。現在，大商集團已是中國最大零售業集團之一，員工總人數十五萬人。近年來，大商集團連獲「全國文明單位」，「全國商業質量管理獎」等榮譽，被多家媒體和分析報告稱爲「中國零售業最具發展實力的無敵軍團」。

然而，牛鋼領導下的大商集團是一個高度集權的企業，公司動五千元以上的資金都需要他的簽字，招聘來的大學生每年都以百分之五十的速度流失，爲了控制這種狀況，大商不是

「薄熙來的愛將」牛鋼

從員工的切身利益考慮，而是通過扣押員工學歷證書和檔案來強行留住員工，不少員工受不了大商的這種高壓政策而紛紛離開大商，但因爲沒有檔案而無法交納養老、醫療等保險而非常困惑。但大商當時在薄熙來的關照下，在大連市勢力卻越來越大。

雖然國家明文規定企業不許以任何原因扣留員工檔案，可是大商卻有恃無恐、我行我素，牛鋼仗著中央有薄家的關照而無視地方政府管理，連時任大連市市長的夏德仁都懶得理他。

於是，大商在薄熙來的關照下已經在大連市形成了一種毒瘤式的勢力。正是這樣的一股勢力，才能輕鬆地為薄家的兒子支付昂貴的學費。

目前，牛鋼也受到中央專案組的調查。

趙本山也受牽連？

就在薄熙來被停止調查後，互聯網上爆出消息說，著名笑星趙本山為避免受到薄熙來的牽連，已經緊急辦理移民手續，准備移居海外。

網易博主「長春國貿」於四月十二日發博客稱，有網友爆料說，趙本山已急赴新加坡辦理移民，要搶在四月十五日一千萬新元投資移民政策中止前辦理，其全家目前在新加坡，四月十一日簽署相關文件。

那段博客原文說：「二零一一年六月，曾有媒體爆料稱趙本山移民加拿大已獲批，並有意定居多倫多。消息一出立即引來廣大網友的關注。但在不久後，本山傳媒便出面辟謠，稱傳聞是無稽之談的老話。四月十一日，長春國貿看到又有網友爆料趙本山已急赴新加坡辦理移民。據悉，趙本山急赴新加坡辦理移民手續，本想以妻女名義辦理，被認為拒簽可能性較大，所

著名笑星趙本山

以只好以本人作為主申請人，並搶在本月十五日一千萬新元投資移民政策中止前辦理，其全家目前在新，十一日簽署相關文件。」

長春國貿看到那幾天鄭州某網友在赴新加坡旅遊時，偶遇趙本山並與其合影留念。照片上的趙本山面帶疲倦，稍顯憔悴。對於本山大叔新加坡之行是休假療養還是真如網友所說是

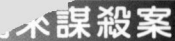

辦理移民，長春國貿其後也曾向多位朋友求證，但均無果！

其實，早在王立軍事件爆發後，互聯網上便有消息稱，正因為趙本山和薄熙來、王立軍走得太近，令中南海高層警覺，所以下令把他阻擋在春晚舞台之外。更有海外媒體報道說，大陸小品演員趙本山和薄熙來、王立軍關系密切，在礦業獲取利益。趙本山在礦業撈取的資金，使之可以購買價值兩億元的私人客機。

薄熙來、王立軍同趙本山的親密關系由來已久。《華夏時報》金融版主編賀江兵爆料稱，他在二零零九年秋因公出差到鐵嶺，聽一位副市長講，王立軍跟趙本山關系不錯，趙本山在春晚上的很多段子都是從王立軍那裏聽到的。王立軍出事後，關於「趙本山上不了春晚的原因也是因為王立軍的關系」的說法在網上被廣泛傳播。消息稱，趙本山沒上春晚絕對不是身體原因，而是王立軍、鐵嶺公安系統與趙本山相熟，上面有警覺了，故不讓趙上。同一消息來源說：「趙本山、王立軍都屬鐵嶺幫，跟谷鳳傑案有千絲萬縷的聯系。

更有消息說，趙本山已經被限制出境，隨時准備接受調查。不過，一向並不理會媒體炒作的趙本山卻很快露面，公開否認移民海外的說法。那篇報道寫道，最近兩年，關於本山移民的傳聞四起，但本山很少公開澄清，當記者提及這一話題，本山也頗顯無奈。本山笑說，他最有可能從鐵嶺「移民」到蓮花鎮，去加拿大、新加坡都是造謠的人想象的：「我和成龍、李連傑不一樣，人家打入好萊塢，在海外有市場，我這套鄉土的東西到了國外完全沒有用武之地，我往哪兒移啊？中國才是我的家，我的根。」

談到沒能上春晚的原因，他表示：「人得服老，我去年也想上，但身體真不行，二十多分鍾的節目根本支撐不下來，上不來氣，大腦缺氧。春晚是培養我的舞台，如果身體允許，有好作品，我不會放棄。」

不過，外界注意到，盡管趙本山否認了移民海外，卻對與薄熙來、王立軍關系密切的傳聞沒有作任何反駁。

趙本山「蟻力神」圈錢兩百億？

二零一一年從十一月二十日開始連續三天，遼甯省沈陽市數萬名受騙的「螞蟻養殖」投資者包圍了「蟻力神」總部追討款項，還包圍了遼甯省委省政府。「蟻力神」事件涉及一百一十三萬養殖戶，被騙金額數百億。血本無歸的蟻民十一月二十日先到「蟻力神」總部要求退錢，未果之後再轉往遼甯省政府，而且蟻民越聚越多，遼甯當局出動了一千多名防暴警察平息現場。

趙本山則是「蟻力神」廣告產品的代言人。就是在他的「忽悠」下，才有一百多萬人上當受騙，每人投資幾萬元，統統血本無歸。而「蟻力神」的老總王奉友正是薄熙來介紹給趙本山的。

王奉友，二零一一年時四十五歲，一九九八年起擔任遼甯省蟻力神天璽集團有限公司董事長兼總經理。王奉友熱衷參與政府官員活動，二零零二年新年前夕，他跟隨當時的遼甯省長薄熙來帶隊赴阜新扶貧慰問活動，並捐款若幹。二零零六年四月，王奉友隨同遼甯省政府領導先後赴東北大學、遼甯大學等地慈善募捐，被冠以「中國民營企業產業領袖人物」和「最具社會責任感企業家」兩項桂冠。二零零七年六月，王奉友獲最具影響力的「中國十大創業領袖」榮譽稱號。

二零零二年至二零零四年，遼甯省公安機關破獲重特大集資詐騙和非法吸金案十六起，遼甯省十六家類似這類的養殖投資公司被查封，涉案金額高達一百多億元。美國食品與藥品管理局（FDA），南京金陵螞蟻研究治療中心主任均向公衆指出過「蟻力神」摻假，但數年來蟻力神卻安然無恙。原因就在於薄熙來支持王奉友，並且把他介紹給沈陽市和整個遼甯省。薄熙來在任遼甯省省長和後來任商務部部長期間，蟻力神公司不但頂住了來自北京的調查，還得到了罕見的直銷牌照。《第一財經日報》二零零六年八月七日題為「蟻力神獲直銷牌照，聽取業內驚聲一片」的文章說：二零零六年八月一日，商務部批准了第二批獲得直銷牌照的企業，蟻力神、如新、珍奧、寶健。

據遼甯的網民說，趙本山在接到薄熙來的指令後，便以代言人的身份為蟻力神拍攝了電視廣告。他在廣告中的台詞是：蟻力神誰用誰知道。

但是蟻民卻紛紛表示：千萬別用趙本山，誰用誰知道。

趙本山作這個廣告究竟得了多少錢，沒有人知道。但許多人相信，蟻力神圈來的幾百億元是被王奉友、薄熙來和趙本山三個人分掉了。因此，許多人認為，趙本山是否移民海外，目前自然還無法證實，但是就憑他與王立軍、薄熙來的密切關系，被中紀委找去「聊聊天」應該是很正常的。

第六章

為瓜瓜結識海伍德
薦女友掌控洋老師

瓜瓜出世爺爺開心

一九八七年十二月十七日，薄瓜瓜在北京出世。當時已經年近八旬的爺爺薄一波非常喜歡這個小孫子，便給他取名為薄曠逸，意為「曠世逸才」，並且下令要把這個孫子留在自己身邊撫養。小孫子在襁褓中發出的第一個聲音類似於「嘎」，或者是「瓜」，薄一波老頭一高興，便又給孫子取了個小名，叫作「瓜瓜」，意思是西瓜。不想，大名沒有叫響，小名卻大受歡迎。終於，他在上小學時，便正式改名為「薄瓜瓜」。

薄瓜瓜，從小有很長時間，住在北京，作為薄一波晚年的樂趣和「含貽弄孫」的對象。薄瓜瓜小的時候，像所有孩子一樣，都十分可愛。和他一起玩的，還有谷開來的四姐谷丹和李小

薄瓜瓜和爺爺薄一波

雪的女兒，名叫李桃桃。薄一波和谷景生，因此晚年倒有許多樂趣。

薄瓜瓜小學時上的是景山學校，一直是班長，也就是少先隊中隊長。

位於北京東城區燈市口大街的北京景山學校創辦於一九六零年。它是一所專門進行城市中小學教育試驗的學校，集小學、初中、高中於一體，是全國和北京市的重點學校，聯合國教科文亞洲教育更新計劃聯系中心之一。多年來，這所學校一直是權貴子弟雲集的「名校」，衆多中共高官權貴的子孫，都在這裏就讀。而普通市民都以能夠把子女送入這所學校為榮。一九八三年九月，鄧小平曾經為景山學校題詞「教育要面向現代化，面向世界，面向未來。」

薄瓜瓜出世後，便一直沒有沒有去過大連。他剛剛滿月，谷開來便把他送到自己的父母家，交給保姆照看。爺爺薄一波則派人每周把他接到自己家過上一兩天。谷開來則隨著薄熙來定居大連，大約每個月才回北京看望一下兒子。這種情況也導致了薄瓜瓜從小便對母親不大依賴，不大親近。小時候，人們只要一問道「誰對你最好」之類的問題，薄瓜瓜總是會毫不猶豫地回答：「姥爺和爺爺！」

按照薄瓜瓜自己的敘述，姥爺谷景生是黑眉毛，爺爺薄一波則是白眉毛。所以，他管谷景生叫黑眉毛爺爺，管薄一波叫白眉毛爺爺。

二零零四年十二月谷景生去世。冬至那天，親屬向谷景生遺體。整個八寶山一號告別大廳最引人矚目的是谷景生最小的女兒谷開來和她的丈夫薄熙來，以及他們的兒子薄瓜瓜。據在場人士憶述，當時悲痛欲絕的谷開來，俯下身來，梳理著父親稀松的頭發，喃喃自語著，薄熙來扶起因悲痛在夢呓中的太太，兒子薄瓜瓜又悲傷地俯下身去，雙手輕輕撫摸著外公的頭，兩

薄熙来谷景生逗薄瓜瓜

眼發直，緊緊盯著外公的面容，像雕塑，一動不動。薄瓜瓜是谷景生平時最摯愛的小外孫，他怎麼也接受不了外公就這麼永遠地走了。薄瓜瓜長時間紋絲不動，與他差不多大的表妹李桃桃，湊過來搖晃著瓜瓜，薄瓜瓜這才好像大夢初醒，一下子把頭埋在外公的枕旁，痛哭起來。

毫無疑問，薄瓜瓜對姥爺谷景生的去世是十分悲痛的。三年之後，爺爺薄一波去世時，他也同樣悲痛萬分，並且同父親一道在爺爺遺體前唱起了《國際歌》。黑眉毛爺爺和白眉毛爺爺的相繼去世，使得他在這個世界上少了兩位最疼愛自己的人。

結識英文教師海伍德

一九九四年夏天，上完小學一年級的薄瓜瓜第一次放暑假。谷開來第一次把兒子接到了大連。這是薄瓜瓜首次來到大連，和父母一同居住，時間長達兩個多月。這也是薄瓜瓜有生以來與父母同住時間最長的一次。當時，他的父親薄熙來已經出任大連市市長。

谷開來當初作「小三」時，為了能夠拉住薄熙來，曾經放棄了出國留學的計劃。但她心中對此一直有一種遺憾。自從有了薄瓜瓜，她便打算讓兒子代替她實現出國留學的夢想。因此，她曾經多次對薄熙來提起，要讓兒子好好學外語。按照谷開來的說法，學外語只能跟外國人學；跟中國老師學外語，怎麼學也沒有用，學到最後出國時還是什麼也不會講，什麼也聽不懂。在這種問題上，薄熙來自然樂於順從老婆的意願。

所以，當薄瓜瓜到大連過暑假時，谷開來便開始張羅為他學外語的事。那時的大連還比較土，外國人不多。那時除了金石灘的楓葉國際學校，就是在七賢嶺一帶有幾家貴族小學，吸引了一大批先富起來的中產階級的子女，其中有家培根學校比較有名，是由一位美籍華人創辦的。其中的英文課程，都是由外籍老師承擔。這家學校並且由外籍教師開設了暑期兒童英文速成班。

谷開來便將兒子送進去上課，課程是每周三個整天，家長可以陪同。薄瓜瓜上課的那個班，英文老師是個英國小夥子，名叫尼爾.海伍德。這海伍德本來並不是培根學校的正式教師，而是北京語言學院的英國留學生。他暑假外出旅遊時，與幾名來自美國的「背包客」結識，並且與其中的一位西雅圖姑娘一見鍾情，於是便隨著那幾個美國遊客一起來到大連旅遊。可巧，美國遊客中有人與開辦培根學校的美籍華人是朋友，幾位美國遊客都被邀請臨時客串英文老師。海伍德便也莫名其妙地開始扮演起英文老師的角色。

那天，他的班裏新來了一位來自北京的男孩，名叫薄瓜瓜。海伍德對那位男孩並沒有什麼特別的感覺，但是陪同男孩一道來上課的母親，卻讓他眼前一亮：那個中國女人生得嬌小玲瓏，五官特別精致，一雙會說話的媚眼，總是流露出一種勾人魂魄的眼神，時不時還帶有幾絲憂郁。更為特別的是，她不同於其他家長，舉手投足間明顯帶有一種高貴氣質，顯示出她的身份與衆不同。而她無論是課間照顧孩子時表現出的那種母性溫柔，還是專心聽講時透出的那份安靜，都散發出一種獨特的女性味道，讓海伍德感到不能自持。

當年不到二十五歲的海伍德，雖然已經先後有過幾任女

大連楓葉國際學校

年輕的谷開來和幼小可愛的薄瓜瓜

友，也接觸過不同類型的女人，但是卻沒有嘗試過中國女人。在北京結識的那個美國女人，雖說風騷異常，但熟悉之後也感覺索然無味。而眼前這位安靜的中國少婦默默無語中構造出的女性氣場，讓他著迷。他不會判斷中國人、特別是中國女人的年齡。在他看來，這個中國女人應該不會超過三十歲，與自己年齡差不了幾歲。他起初曾經同她打過招呼，發現這個中國少婦竟然可以講幾句英文。這讓他這個當時只懂幾句中文的英國人大感開心。這樣一來，他可以對這位迷人少婦發起進攻，而不必擔心語言不通方面的問題了。

海伍德當時絕沒有想到，就是谷開來的致命誘惑使得他上了一條「賊船」，不但再也無法擺脫，而且最終還要了他的命。當然，這是後話。

英國駐天津總領事的後人

海伍德，一九七零生於英國西倫敦肯辛頓，在克拉珀姆長大，屬於英國貴族後裔。他的曾祖父曾經在一九二五年至一九三五年間擔任英國駐天津總領事。海伍德本人曾經進入被視為是英國貴族學校的哈羅公學學習。此後，海伍德又進入華威大學主修國際研究，畢業後曾在英國下議院工作。

一九九四年初，他厭倦了英國的沈悶生活，決心循著曾祖的道路，到東方冒險。而當時，中國正在經濟上快速崛起，成為國際社會的普遍話題。許多西方人相信，此時進入中國抓住時機，可能會象當年大批人士前往美國西部淘金一樣，不出幾年便成為百萬富翁。

和每一位初抵中國的西方青年一樣，海伍德一到中國，便先到北京語言學院學習初級漢語，以便應付在中國的日常生活。在那期間，他曾經短暫離京，前往天津旅遊，尋找曾祖父當年在天津的足迹。他在天津當年的英租界內，順利找到了當年的天津英國領事署大樓。

位於今日和平區解放路一一九號的英國式建築始建於一九三零年，是英國領事署在天津的辦公大樓，其所在地解放路是當年英租界的主要街道，當時名為維多利亞道。作為天津租界時代留存下來的重要建築之一，英國領事署大樓目前是一般保護等級曆史風貌建築，受到當地政府的保護。該建築內部保存的資料顯示，那裏可能曾經作為原英國駐天津領事館。

但是，海伍德在那座建築物中，卻沒有發現曾祖父的任何遺迹，沒有自己家族的標志性徽章，沒有家族曾經受到皇室嘉獎的照片或彩畫，甚至更無法確定曾祖父的辦公室究竟是哪一間。當地地方志學者曾經向海伍德介紹說，有關英國領事館舊址的確切位置，共有三種不同說法。但另外兩處傳說中的舊址，早已被推倒重建。其中一處曾經是天津市委機關所在地，另外一處則已經建起了新的高層居民住宅。現在保留的這處舊址，其實只能認定是當年英國的政府設立的一個機構，是不是領事館則不能確切認定。

海伍德在天津遊遍了當年的英租界，特別查看了當年英國人在天津修建的跑馬場，和與之配套的休閑俱樂部。完全出乎他的意料，那裏的絕大部分設施，至今仍然保存完好。細細了解才知道，那座馬場俱樂部在中共建政後，被作為中共高幹休閑娛樂的場所，改名為「幹部俱樂部」，只有級別達到行政十三級以上的高幹，才能獲准持證入內享受。海伍德在那座俱樂部的一間陳列廳內，意外地發現了一張當年在天津英國人的合影照，他相信其中居中的一人應該就是他的曾祖父。但是，由於年代久遠，照片不是很清晰。他只是覺得那人具有海伍德家族的氣質，但卻不能仔細辨別面孔。而且，那照片沒有附上任何說明文字，即無法確定照片拍攝的具體年代，也不好確認照片上的人物身份。

雖然海伍德未能找到曾祖父的遺迹，但他發現，作為前英國總領事的後人，他在天津受到了足夠的尊重與禮遇。這讓他對中國生出一種發自內心的好感，也讓他對於自己在中國長期「紮根」有了信心。

谷開來眼裏的海伍德

在當年任教於大連培根學校的幾位外籍教師中，身高馬大的海伍德應該算是最為英俊帥氣的男教師。谷開來為兒子選擇在海伍德教的班裏學習英文，最初倒並不是因為海伍德的帥氣，因為她在為兒子報名時，還沒有見過這位老師。選擇海伍德的原因是因為他是幾位外籍教師中唯一的一位英國人。

谷開來從傳統的英國文學作品中，接受了有關「英國高貴，美國俗氣」的觀念，認為把所有帶r的音都誇張地發為卷舌音的美國英語實在太土，在英國被人瞧不起，難登大雅之堂，更無法進入英國上流社會。因此，她頭腦中的正宗英語，應該是倫敦音。所以，當初她在大學期間為了糾正同宿舍的美國女人對她的影響，時常會聽倫敦音的「靈格風英語教學」錄音帶。正因為如此，她才特意為兒子也選擇英國老師教授英語。

初次陪薄瓜瓜上課，谷開來對海伍德印象不錯。那小夥子不但長相英俊帥氣，而且言談舉止間透出一種高貴氣質，尤其是他初登講台時表現出的那幾分羞澀，更讓她印象深刻。望著講台上的海伍德，谷開來感到很舒服。不過，她並沒有對他產生過其他的想法，只是樂於聽到他的聲音，因為那聲音是一種帶有磁性的男中音，而且發出的是她所熟悉的「靈格風」倫敦音；她還樂於看到他的形象，那形象除了優雅的紳士風度，還有幾分靦腆純真。

她發現，這個英國小夥子似乎對她也有好感，因為他總是有意無意地同她多說幾句，盡可能找一切機會接近她。而且每當他站在她面前，近距離面對著她時，他總是顯得很興奮；同時，那種羞澀便也更加明顯。

兩個月很快過去了，薄瓜瓜要回北京繼續讀他的小學二年級了。培根學校的英語暑期班也到了最後一次課。那天下午下課時，海伍德匆匆同其他同學家長簡單道別之後，便直奔還留在後面的谷開來和薄瓜瓜。谷開來似乎早已意識到他會走過來，便揚起頭衝著他微笑著，嘴裏說著道謝的話。

海伍德走到跟前，先是拍拍薄瓜瓜的肩膀，然後對谷開來說，這孩子很聰明，很有語言天賦，希望以後有機會還能繼續教他。谷開來回應說，非常榮幸能夠有你這樣的老師，希望以後無論是在大連，還是在北京，都希望繼續得到你的幫助。海伍德不失時機地向谷開來要了她的聯系電話，並且給了她自己在北京的手機號。

兩人都表示，彼此是朋友了，以後會保持聯系。

送谷開來母子走出校門時，薄熙來的司機早已開車等在外面。谷開來、薄瓜瓜向那輛薄熙來的專車走過去時，海伍德一臉驚訝。在一九九四年那個年代，中國擁有私人汽車的還是少數，何況那輛專車是當時檔次不低的「桑塔納」。

海伍德忍不住問了一句，這是你們的車嗎？谷開來未及回答，薄瓜瓜高聲答道，這是我爸爸的車。海伍德隨口再問，你爸爸？還是薄瓜瓜在回答，對，是我爸爸的車，我爸爸是大連市長！那聲音特別高。海伍德聽到後，倒吸一口冷氣，一時說不出話來。

谷開來好似不經意地問了一句，你怎麼了？海伍德遮掩地應付著，連說沒什麼。然後匆匆說了句再見，就與她們分手了。

海伍德的憂慮

海伍德從來沒有想到過，這個有些讓自己著迷的嬌小中國女人竟然是大連市長的女人。這讓他著實有些後怕，又有些慶幸。後怕的是，如果自己不是有著老師的身份，而是在其它場合遇到谷開來，他可能會立即展開追求，把她弄到自己床上，而上床之後，再發現她是一位中國高官的太太，那他的命運可能就慘了，除了逃回英國之外，不可能繼續在中國發展；慶幸的是，幸虧自己還能夠把持得住，沒有像對幾任前女友那樣，感覺喜歡就迅速發起攻擊。也就是說，還沒有釀成大錯。

後來，他曾經忍不住對自己那位美國女友說起過這件事。那個美國女人有些不以為然，說他不象個男人，因為他既然喜歡一個女人，卻又不敢向她表白。他解釋說，這是在中國，那個女人有自己的丈夫，而且他丈夫是市長，是握有生殺大權的市長。但那個女人似乎根本不明白他在講些什麼，聳了聳肩膀，兩手一攤說了句，那又怎麼樣？

自從這次事件後，海伍德同那個美國女人的關系一下子淡了下來。後來，他從大連回到北京語言學院繼續學中文，而那個美國女人則和同伴們前往中國南方旅遊，後來就返回了美國。臨離開中國前，她曾經給海伍德發過一個短信，大意是說，很高興和他相遇，而且成為關系密切的朋友。最後的一句話是，如果喜歡就去追求，我們美國人就是這樣的！

但是，海伍德沒有那樣做，盡管他回到北京語言學院後，身邊並沒有任何一個女友，但是他仍然沒有敢於去「招惹」谷開來，盡管他曾經不止一次地想起她。不僅如此，他發現那個時期，他對其他女人似乎失去了興趣。其實在北京語言學院，來來往往的西方人士如走馬燈一般。像海伍德這樣英俊潇灑的英國紳士，自然是格外容易討得女人的喜歡，不斷有女人向他招手，其中甚至包括他的中文女教師。

那是一位自我感覺良好的大齡女教師，年級在三十歲出

英俊瀟灑的海伍德

頭。當她主動追求海伍德遭到他禮貌而委婉的拒絕後，她曾經問他原因。他告訴她，因為他喜歡上了另外一個中國女人，但那個女人有丈夫，而且她的丈夫還是一位中國的高官。當然，海伍德並沒有說出谷開來和她的丈夫薄熙來的名字。但是，那位中國女教師立即很認真地告訴他，千萬不要惹那個麻煩，否則你就完了，因為你根本無法想象中國的高官會有多厲害。心疼海伍德的女教師告訴他，他可以不愛自己，但千萬要忘記那位高官太太。海伍德答應了，盡管他心裏很矛盾。

這樣一連過了三個多月，馬上就要到聖誕節了。他計劃返回英國去，陪母親過聖誕，也讓自己平靜一下，調整一下心情。但是，就在他准備預訂機票前，他突然接到了谷開來主動打過來的一個電話。結果，他的命運從此出現了根本的改變。

北京初次約會隱瞞年齡

谷開來在與海伍德分手後，轉天便帶著兒子薄瓜瓜返回了北京。因為還有幾天兒子就要開學了。在北京住了幾天，不待兒子開學，谷開來便又風塵仆仆返回了大連。因為此時，她的「開來律師事務所」生意正旺。一些大連的大型企業聘請開來律師事務所作常年法律顧問，人家圖的是讓市長夫人谷開來作自己的律師，正式簽約時谷開來自然必須要到場簽字。

一忙就是幾個月。這期間自然也有空閑時間，谷開來時常會想起海伍德那個可愛的大男孩。她知道他此時應該是在北京，但是她還沒有拿定主意要不要繼續跟他交往。因為她自己很清楚，以她目前對他感興趣的程度，兩人繼續交往下去，難免會越界突破朋友的範疇。那樣一來，會出現什麼後果，她還沒有能夠完全想清楚。所以，她一直沒有同他聯系，盡管曾經有兩次，她已經撥了海伍德的號碼，但是沒等接通，她便急忙挂斷了。

那天，大連電視台來了一個節目組到家裏拍攝「薄市長的家庭生活」，谷開來打起精神，全力配合，努力大造與薄熙來幸福生活的氛圍，扮演一個賢妻良母的溫柔形象。不知為什麼，憑著一個女人的直覺，她總是感覺到那個名叫張偉傑的女主持人與丈夫薄熙來關系不大對頭。盡管這麼多人在場，張偉傑和薄熙來並沒有任何過分舉動，但谷開來從張偉傑對自己的過分殷勤中，總是感覺有些異樣。而且，她感覺薄熙來對張偉傑的態度似乎也有些不同尋常。例如，薄熙來在稱呼張偉傑時，總是在不經意中省略了姓氏，直稱「偉傑」，顯得十分親近。

盡管遼甯及大連當地媒體，曾經多次報道過薄熙來與谷開來的「模範夫妻」事迹，但實際上，谷開來曾經屢屢聽到過一些關於薄熙來的绯聞豔遇。她曾經很鄭重其事地向薄熙來問起，薄熙來總是矢口否認，並且責怪她多心。由於沒有抓住過任何真憑實據，所以薄熙來一旦信誓旦旦地否認，她便也毫無辦法。但是，她始終相信，自己的擔心絕不是多余的。因此，她才放棄在北京陪伴兒子，絕大多數時間留在大連，以便緊緊「抓住」薄熙來。

然而，自從薄熙來出任大連市長之後，夜不歸宿的情況越來越多，而每一次他都有十分正當的借口來解釋。谷開來也曾經悄悄賄賂過薄熙來的司機車克明，想從他那裏探聽一些情況。但是這個車克明簡直就完全是同薄熙來一個鼻孔出氣，絲毫沒有透出半點不利於薄熙來的情況，反而還時常替薄熙來遮掩。

但她還是相信一個妻子的直覺，斷定薄熙來在外面確實還有別的女人。那天，薄熙來回家後，她在他的西裝上發現了一根女人的長發。她不動聲色地收起那根長發，完全沒有對薄熙來提起。轉天，她叫來車克明「審問」，並且把那根長發作為「罪證」拿出來。不想車克明一下子就把她頂了回來，說那頭發是自己老婆的。因為他前一天剛剛用薄熙來的車拉著老婆辦了趟「私事」，把老婆送回家後，他便立即駕車去接薄熙來。所以肯定是老婆掉在車座上的頭發沾到了薄熙來的衣服上。

谷開來又一次無話可說了。但是，時隔不久她曾經見到車克明的老婆。她特別留意了一下那個女人的頭發，心裏認定是車克明在撒謊欺騙自己。因為車克明老婆雖然也留長發，但是她的頭發屬於黑裏透黃一類，而且感覺比較細。但自己發現的「罪證」卻是烏黑發亮，而且比較粗壯。根據那頭發，可以判斷那個長發女人應該是比較年輕，身材健壯。

但是，谷開來沒有向薄熙來當面問罪，她在忍耐，等待更加確鑿的「罪證」。就是在這種令人煩惱的等待中，她猛然間想到了海伍德，並且在潛意識中升起了一個要報複薄熙來的念頭。

十二月初，當她返回北京看望兒子時，便試探性地給海伍德打了個電話。但是，談話的內容卻是想請他作為薄瓜瓜的英文家庭教師，每周兩次為薄瓜瓜教授英文。在電話中，海伍德毫不猶豫地答應了。谷開來提出請他吃飯，商談有關報酬問題，海伍德也答應了。

吃飯的地點定在王府飯店西餐廳。當晚海伍德按照約定時間如約抵達時，谷開來已經在餐桌邊等他了。面對面坐定後，海伍德發現，谷開來今晚精心修飾了自己，淡淡的晚裝幾乎看不出任何化過裝的痕迹。看似隨意的服飾，其實是經過精心搭配，透著優雅的品位，一串精致的白金項鏈挂在胸前，顯示著自己的身份。至於她本來就長的睫毛經過修飾，更是呼扇呼扇十分顯眼，更襯托得一雙流水的大眼楚楚動人。

海伍德落座後，竟然好長時間沒有說出話來。他牢牢盯著谷開來好久，才終於吐出一句：你太美了！谷開來有些不好意思地用話岔開。有關給薄瓜瓜作英文家教的事情，兩人談得非常順利，時間是根據海伍德的要求確定的，報酬海伍德更是完全接受，因為谷開來給的價碼比一般外國人家教的付費標准高出很多。

談完之後，谷開來叫了一瓶十年的法國紅酒，要慶祝一下。海伍德告訴她，自己不會喝酒，也很少喝酒，但是為了她，他願意陪她喝一點。果然，一杯紅酒落肚，海伍德便有些力不能支。他此時已經失去了控制力，完全忘記了自己來之前定下的關於不能與這個女人糾纏的「戒律」，借著酒勁向谷開來直截了當地表達了對她的喜愛之情。講到激動處，他淚流滿面，一把握住谷開來的手不肯松開。

谷開來這才輕聲告訴他，自己也喜歡他，特別是喜歡他那種大男孩般的純樸。這頓浪漫的晚餐變成了雙方無休無止的傾訴。海伍德講了他的過去與現在，講了他家族的輝煌曆史，講了他對中國文化、中國人的喜愛，講了他希望未來在中國發展的打算。谷開來也講了很多，但沒有透露薄谷兩家的顯赫，更多的只是敘述作一名高官太太時常獨守空房的煩惱。

海伍德告訴谷開來，自己當年二十五歲。他問起谷開來的年齡，谷開來告訴他，自己比他整整大十歲。海伍德幾乎不相信她的話，說她看上去最多不過三十歲。他哪裏知道，谷開來實際上已經向他隱瞞了幾歲。

目前有關谷開來出生日期的官方記錄是：一九五八年

十一月十五日。但有確切的消息說她的實際出生日期應該是在一九五六年，但是後來她在作律師登記時把年齡向後推了兩年。而如今，面對年輕的海伍德，她又再次把年齡後推兩年，改成了生於一九六零年。而且，從那時開始，她便一直對外宣稱自己生於一九六零年，以讓自己顯得年輕，在外界更增加魅力。

但實際上，作為一名外國人的海伍德對於谷開來究竟生於哪一年並不在意。他當時問起谷開來年齡，不過是想證實一下自己對中國人年齡的判斷而已。

那一晚，他們是共同在王府酒店渡過的。當時性經驗並不豐富的谷開來使出渾身本是全力奉迎，讓海伍德體驗了一名東方女人的床上魅力。這是兩個人的首次約會。

薦女友作自己替身

一九九四年聖誕節，海伍德如期返回英國陪母親歡度聖誕節。他這次返回英國實際上只呆了不到一個月，隨後便匆匆返回了北京。他回到北京後的第一件事，便是在北京語言學院辦理了退學手續，並且先後進入了兩家英國公司駐北京辦事處工作。這兩家公司，一家是阿斯頓•馬丁，另外一家是勞斯萊斯。海伍德在這兩家公司的職務是非執行董事。

後來，在海伍德死於重慶之後，這兩家英國公司駐北京的職員都曾經表示，根本不知道公司裏有海伍德這個人。真實原因是，海伍德在這兩家公司不過是挂個職，作為他的公開身份，而他本人則從來沒有到這兩間公司上過班。而這一切是由英國戰略情報公司Hakluyt&Co.為他出面安排的。

這一切聽起來仿佛是一個類似零零七那樣的間諜故事。真實背景還要從海伍德的就讀的學校說起。海伍德畢業於英國頂級沃裏克大學（The University of Warwick）國際關系專業。這個專業的畢業生多數供職於英國外交系統或情報系統。許多學生在學期間就為英國情報機構招募，畢業後進入英國議會工作，接觸到英國內閣中的「聯合情報委員會」（JIC）在英國議會中的上屬監管機構「情報與安全委員會」（Intelligence and Security Committee〈ISC〉）。海伍德在畢業之初就接觸到了英情報機構金字塔最頂層塔尖「情報與安全委員會」，完全是因為他的家族背景。年輕的海伍德頗受英國情報機構「秘密情報局」（SIS），也就是所謂「軍情六處」的賞識，於九十年代初外派中國，以在北京學習中文為起點，開始在中國建立自己的社會關系與情報網。

這個時期，海伍德是通過一家私營的戰略情報公司Hakluyt&Co.，來與英國情報機構英國軍情六處（MI6）的人員聯系。「軍情六處」（MI6）是二戰時期成立的，曾用過許多名字，湧現過許多無名英雄，直到九十年代初才為英國政府正式承認其存在。軍情六處的一名退休官員詹姆斯(Christopher James)就是戰略情報公司Hakluyt&Co.的創辦人及老板。

與谷開來建立了親密關係之後，海伍德回到英國，秘密同詹姆斯會晤，向他彙報了同谷開來的私密關係，但他仍然不是很清楚一個大連市長的太太是不是具有戰略情報價值，因為他當時既不懂中國高層的派系格局，也不了解薄熙來家族在中國政壇上的重要地位。但是，詹姆斯顯然對於中國事務比海伍德要明白許多。他立即意識到海伍德抓到了一條潛在的大魚，其情報價值究竟多大，目前還無法判斷，但從長期來講，可能價值非凡。

因此，他指示海伍德必須作長期打算。為了在相當長的一個時期內陪伴在薄熙來、谷開來夫婦身邊，他決定完全切斷海伍德與英國情報機構的一切聯系，讓他從此成為一名商人，不但經濟上不再接受情報活動經費，而且還要自己以商人的身份去賺錢養活自己。作為一名商人，他可以向Hakluyt&Co.公司出售情報。這即使被中國官方甚至薄熙來夫婦察覺，也並不會構成什麼嚴重問題。因此，他出面為海伍德在兩家英國公司駐北京辦事處謀得了一個非執行董事的虛職，每年只領取少量薪水，只能為他解燃眉之急。

這樣，海伍德便回到了北京，開始計劃在中國長期紮根。而第一步便是盡快展開自己的生意。所以，他回到北京後，便在北京語言學院辦理了退學手續；隨後，便聯系谷開來，尋求生意方面的咨詢意見與協助。

一九九五年春節期間，谷開來回到北京陪父親過年，期間再次與海伍德幽會。兩人在床上討論了海伍德未來在中國的發展方向。按照谷開來的分析，海伍德應該充分利用他在英國的人脈以及對英國事務的熟悉，為從事中英貿易交流的公司提供咨詢服務，並且幫助他們與英國建立業務關系；同時，為想到中國發展的英國企業提供咨詢幫助。谷開來並且承諾，會利用自己的關系全力幫他在中國打開局面。她還特別提到，自己這幾年在大連發展得十分順利。如果海伍德到大連發展，也許會用最短時間打開局面。

海伍德當即表示，願意去大連。但是谷開來覺得，大連整個城市都是在薄熙來的掌控之下，如果海伍德到大連去勢必會和自己走得很近，難免會引起外界非議。而薄熙來很快就會知道，那樣對海伍德和自己都非常不利。想來想去，她告訴海伍德，會在大連為他找一位女朋友作為掩護。這樣海伍德就可以有充分的理由前往大連，同時也可以當著薄熙來的面與谷開來交往。為此，谷開來還計劃讓海伍德在自己的事務所幫助處理一些涉外案件，從而讓兩人的交往更加名正言順。

海伍德開玩笑說，你把別的女人給我，自己難道不吃醋？谷開來無奈地表示，吃醋也沒有辦法，否則兩人就更少機會見面了。那天，兩人就這樣談定了。

第七章

摘野花老公再出軌
翻醋壇遠走新加坡

風流公子自風流

平心而論，薄熙來生得人高馬大，而且風流倜儻，頗有女人緣。再加上他又特別注意自己的外在形象，而且有出色的口才，尤其在女人面前表現得特別有風度，口若懸河，很容易吸引女人的注意。自從結婚之後，直到這次倒台，除了兩任妻子之外，可以說身邊始終沒有斷過女人。

薄熙來與第一任妻子李丹宇是一九七六年結婚的，轉年就生下長子李望知。這個時期正值文革末期，人們思想上禁錮比較多，再加上當時李丹宇作為軍醫，身份地位都遠遠高出只是一名普通工人的薄熙來。所以，這段時期應該算是薄熙來成年之後最最安分守己的一個時期。

隨著父親薄一波獲得平反、重新出山，薄家的地位從地下

薄熙來生得人高馬大，而且風流倜儻

猛然翻到天上，而且，薄熙來一九七八年靠著老爹薄一波的關係，進入北京大學曆史系。他自己的社會地位也一下子明顯改觀。從邁進北大校門那一刻開始，他便對原配妻子李丹宇產生了一種輕視。這不但是由於李丹宇的長相太過普通，而且目光短淺，毫無見識，只知道居家過自己的小日子。與風流倜傥的薄熙來相比，形成了明顯的反差和巨大落差。

薄熙來在北大曆史系只待了一年多，就又利用老爸的關系,轉到社科院去讀研究生了。他自己從來沒有說明當時為什麼會突然轉學。但據知情者說,他就是在北大這短短一年多的時間裏,先後與兩位女校友關系暧昧。其中一位還是一位開國將軍之女,也是現役軍人。那位穿軍裝的將軍府大小姐,從小驕橫跋扈,說一不二。她偏偏在學校裏看上了到處沾花惹草的薄公子。

大小姐的長相確實不錯,薄熙來自然樂於招攬,兩人一度好得死去活來。那位大小姐發誓:非薄公子不嫁!這下可嚇壞了薄熙來,他急忙打退堂鼓。但大小姐不依不饒,說是上了你的床就是你的人,想走沒門!而且甚至還以死相逼。結果,薄熙來打著薄一波的旗號上門求見大小姐的老爹,也就是那位開國將軍,憑著自己的三寸不爛之舌,說動了老將軍為了兩家的臉面,出面「擺平」此事。而他自己,也再次央求老爹薄一波出面,把他轉到社會科學院去讀研究生,離開了北大這個是非之地。

後來聽說,那位大小姐曾經放話要找人割下薄熙來一只耳朵,除非他當面磕三個響頭謝罪。不過,薄熙來到底是不是去磕了頭就無法考證了。但是,他的兩只耳朵至今完好無缺,卻是肯定無疑的。而那位大小姐經此挫折後,據說婚姻一直不順,在北大讀書期間便和另外一位有婦之夫公開同居,鬧得沸沸揚揚。最終也沒能修得正果,直到八十年代末,跟著一個老外去了澳大利亞,從此便再也沒有消息了。

薄熙來有了這一次的教訓之後，行事開始加了小心，招蜂惹蝶的事也相對謹慎了許多。直到他從中共中央辦公廳外放大連金縣，擺脫了老婆李丹宇的監視和老爹薄一波的訓斥，才如同野馬脫了韁繩，重新恢複了風流公子的本來面目。從一九八四年離開北京直到他最後倒台的二十八年間，薄熙來曾與多達近百名女性有染，其中包括二十八名公衆人物，當中有是模特兒、影星、女主播，甚至央視主持人。

張偉傑產下私生女

確切地說，薄熙來開始他的大規模「采花」生涯，是從一九八五年離開金縣到大連之後。而一九八八年出任大連省委常委、市委宣傳部長直到二零零七年晉升為政治局委員執掌重慶這二十年，則是他「采花」生涯的高峰期。

在與薄熙來有染的女人中，最為引人注目的是大連電視台的美女主持人張偉傑。張偉傑是大連本地人，九十年代初期畢業於北京廣播學院（現中國傳媒大學）播音系。畢業後分配到大連電視台工作，很快成為大連台「一姐」。

身材苗條的張偉傑生有一張精致清純的面孔，一雙大眼忽閃忽閃特別傳神。台裏根據她的外形，認為不適合作新聞類節目主播，而安排她專門主持綜藝類節目。當年，大連台最火爆的綜藝類節目名叫《太陽雨》。張偉傑加入這個節目之後，依仗她姣好的面容和獨特的主持風格，很快把《太陽雨》打造成為名牌節目。她本人自然也就成為大連台的一位招牌主持人。

當時，薄熙來擔任大連市委宣傳部長，可以說是張偉傑的最高上司。薄熙來從她到大連台之後所作的第一期節目開始，就注意到她。一次他到大連電視台視察，台長帶著他在台裏轉過一圈之後，來到《太陽雨》節目辦公室。當年，大連台的辦公條件不好，辦公室很擠，十幾位編播人員擠在一間辦公室裏，張偉傑的辦公桌則在一個角落裏。

薄熙來見到張偉傑格外興奮，滔滔不絕地講了一通當下綜藝節目的潮流，肯定了《太陽雨》的成績，並且特別把張偉傑著著實實地誇了一頓。隨後，他告訴台長，張偉傑這樣的主持人不但是大連台的財富，也是整個大連市的財富，應該好好珍惜，應該為她提供最好的工作環境。他要求台長立即給張偉傑安排單獨的辦公室。

那次見面之後，張偉傑便算是有了靠山。無論是台長，甚至廣播電視局局長都不敢得罪他。反而許多時候為了給台裏爭取利益，要求張偉傑去私下裏同薄熙來溝通。張偉傑當年還是單身，周圍一直不乏愛慕者的追求，但是薄熙來出現之後，追求者們便都紛紛知難而退。張偉傑似乎也無意隱瞞同薄熙來的親

大連電視台的美女主持人張偉傑

密關系，不時會在同事中大贊薄熙來才華橫溢，是位難得的好領導。

薄熙來自然也沒有虧待她，除了給她同齡人中最高的職稱，眾多榮譽稱號之外，還越過廣播電視局直接由市委宣傳部撥出一套給專家的高級住宅。有人作證，曾經見到過薄熙來出入那所房子。後來，大連電視台內部傳出，未婚的張偉傑懷孕了。雖然她本人沒有透露孩子的父親是誰，但外界相信應該就是薄熙來。

谷開來要張偉傑消失

大連電視台當年的一位台領導回憶說，張偉傑當年根本就不避諱與薄熙來的這段绯聞，她有時甚至公開對領導講：「我今天晚上要見熙來，有沒有什麽事情要辦？」張偉傑的輕狂嚴重刺激了薄熙來的正牌太太谷開來，她一面在地方媒體上以「王紅」的筆名，竭盡全力攻擊張偉傑，另一面則還動用國安、公安人員給張偉傑施壓，要迫使其離職。

當時，谷開來應該還並不知道張偉傑已經懷上了薄熙來的孩子。但是，對於有女人敢於公開挑戰自己的地位，她是絕對不能容忍的。她曾經當面與薄熙來大鬧，要薄熙來把張偉傑趕走。但薄熙來起初沒有答應，反而以他一貫的「不承認」態度，指責谷開來是無理取鬧。兩人並因此展開了幾個月的冷戰。《大連日報》女記者馬某是金州人，與谷開來關系很好，曾作為家事調解人，多次前往薄家勸架，此事有多人目擊證實。看到薄熙來不忍趕走張偉傑，谷開來便自己親自出面，以「維護熙來同志形象」為理由，最終讓國家安全局出面，強迫張偉傑辦理了離職手續。

大連新聞界曾經有傳言說，張偉傑被谷開來趕出電視台後，就成了專業上訪戶。由於其情緒激烈，還曾經被國安局秘密關押在大連南山賓館，並多次自殺未遂。不久以後，張偉傑這個曾在電視上人人關注的明星，突然消失得無影無蹤。

雖然有人傳說，是谷開來仇恨難抑殺死了她並毀屍滅迹。但是，作為薄熙來「錢袋」的大連實德集團老板徐明，許多年後在一次喝得半醉時透露，當年他曾經受薄熙來委托，悄悄找到張偉傑，給了她一千萬元「掩口費」，條件是搬出大連，永遠不作公衆人物，更不能對任何人提起與薄熙來的關系。

徐明說，「有錢能使鬼推磨」，一千萬元在二十年前絕對不是個小數，一輩子甚至下輩子吃喝都夠了。張偉傑答應了他的條件，改了姓名，搬到其他省市隱姓埋名過起了隱居生活。至於她搬到哪裏定居，徐明說，那是打死也不能講的。但他證實，張偉傑後來生下一個女兒，自己獨自撫養。如今那個薄熙來的私生女也該也是快二十歲的大姑娘了。

馬曉晴不當永遠的床伴

在與薄熙來有染的長串女人名單中，包括一位著名影星，名叫馬曉晴。這馬曉晴應該是出現在張偉傑之後。

馬曉晴，一九六八年出生在上海市一個知識分子家庭。一九七九年，十一歲的她被著名導演謝晉挑中，出演《啊！搖籃》裏面的小湘竹，從此踏上演藝之路。拍完《啊！搖籃》後，馬曉晴的腦子裏開始萌生出長大後當明星的夢想。高中畢業前的馬曉晴拍了七部兒童片，成了當時全國名副其實的小童星。盡管遭到家人的反對，一九八六年，馬曉晴考入了上海戲劇學院。但是在一九八八年，馬曉晴做出一個大膽的決定———退學，正好那一年，峨影廠的米家山導演來找馬曉晴出演電影《頑主》。但是她所在的上海戲劇學院卻堅決反對。而性情中人馬曉晴，一氣之下就退學了。

一九八八年七月，馬曉晴到北京拍王朔小說改編的同名電影《頑主》。她把這部影片稱為自己的第一部成年影片，她說當時根本不知道王朔：「米家山寄給我劇本，我非常喜歡，就給他寫了一封信，說我得到了一個空前絕後的角色。我開玩笑說假如不讓我演，我就帶一把槍到峨眉山上去殺了你。後來潘虹還跟我開玩笑，『你以為我們峨眉電影制片廠都是猴呢！』」拍完《頑主》後，米家山給馬曉晴寫了一封信，信中說：馬曉晴，你實現了你的諾言！

因為在《頑主》中的出色表演，馬曉晴獲得一九八九年金雞獎最佳女配角唯一提名。那屆金雞獎的評委會主席正是帶她走上電影之路的謝晉。馬曉晴說：「謝晉導演當年提出，不要頒獎給我，讓年輕女演員這麼早就得到大獎，她們拿了獎就會往外國跑。」當時，有將近半數金雞百花獎最佳女演員得主拿

著名影星馬曉晴

到獎後都出國，其中包括陳衝、張瑜、斯琴高娃、龔雪等。那次與大獎失之交臂，馬曉晴竟然一點也不嫉恨謝晉：「我一點都不恨他，謝晉是我的開門祖師爺。」

一九九二年，馬曉晴參加了轟動一時的電視劇《北京人在紐約》的拍攝。馬曉晴說要特別感謝姜文，「他當時對大家說，『甯甯這個女孩，我全中國不要任何一個女演員，我非得要這個女孩(馬曉晴)，一定就是她了。』」

一九九七年，她憑借在《我也有爸爸》中的出色表現獲得第十七屆金雞獎最佳女配角，成了那個年代炙手可熱的女明星。在很長一段時間裏，馬曉晴體會到了什麼是「走紅」：「那時我出門要戴墨鏡，經常會有服務員站在旁邊，看著我吃飯，衝著我嘿嘿地傻笑，我就說：『你們不要再對我笑了，嚇死人了，飯也吃不下了。』」

大約在一九九零年前後，馬曉晴加入了北京電影制片廠。在馬曉晴剛到北京時，曾和北影廠的年輕導演路學長談過戀愛，那個時候馬曉晴在路學長的家中住過很長一段時間。能有個「窩」而不至於像其他北漂演員那樣到處租房，當時令很多北漂明星心生羨慕。

據馬曉晴回憶，一九八八年到北京拍《頑主》時就和路學長戀愛了，「他現在已經結婚了，我們已經沒有聯系了，……他那個時候得了太重的病，我很長一段時間在照顧他，我爸爸說他是個沒良心的人，後來我拍《北京人在紐約》的時候就走了，他一直給我打電話，還不斷地寫信，最終我們還是認認真真分手了。」之後，馬曉晴曾經曆過一段不同尋常的愛情，用她的話說就是，「他現在身在高位，說出來對誰都沒好處。」

而恰恰就是這段不同尋常的愛情中那位「現在身在高位」的神秘男友，就是薄熙來。按照馬曉晴自己的說法，她年輕的時候，一直喜歡比自己大的男人，而且至少要大十歲以上。而出生於一九四九年的薄熙來，比馬曉晴要大將近二十歲。查遍馬曉晴的全部生活記錄，她應該沒有在大連呆過。即使她曾經去過大連，也應該只是短期停留。因此，她與薄熙來相識應該是在北京，而兩人之間演出的那段戀情，也應該主要是發生在北京。

有大連市政府的一位工作人員回憶，一九九二年底到一九九三年上半年這個時期，以副市長身份擔任代市長的薄熙來返回北京的頻率明顯高出以往，有人曾經向他問起為什麼幾乎每個星期都要跑北京一趟，他開始時總是說要去見外商，爭取讓他們投資大連；後來又說父親薄一波身體不適，要回去探望。

現在人們才知道，所謂見外商以及父親身體不適其實都是幌子。真正的原因是，在那個時期，薄熙來陷入了與馬曉晴的熱戀之中，一時無法自拔。因此才每周返回北京，去同馬曉晴幽會。他一般是星期五晚上乘飛機赴北京，星期日晚上再飛回大連。而他回到北京後，卻很少回家探望兒子與父親，反而把絕大部分時間用於同馬曉晴在酒店的床上消磨。

幾個月後，馬曉晴試探地詢問薄熙來是否有離婚後迎娶自己的打算，薄熙來不動聲色地說了一句：現在這樣不是很好嗎?馬曉晴意識到,她與薄熙來的關系只能到此為止。如果她樂於心甘情願作這個男人的床伴,永遠隱藏在幕後,不去聲張,不去壞了這個男人的仕途,那麼這個男人可能會在未來相當長的一個時期都會留在自己身邊。這個男人可以利用手中的權勢,帶給她除了名份以外的一切。

但是,她感到有些累,有些迷茫。說老實話,她對眼前這個男人十分著迷,除了權勢所帶來的這個人身上特殊的男性魅力,他還是那麼機智幽默,很能夠討女人歡心。只要不提起關於未來、關於婚姻。這個男人幾乎是完美無缺的。不過馬曉晴不能忍受的一點是,薄熙來回到大連之後,家裏有老婆,出門又有各種不同口味的外遇女人,但是他卻不允許馬曉晴再擁有其他男朋友,而只能專屬他自己一人。

這讓馬曉晴感覺到一種不平等,一種屈辱。更何況,哪一個女人在與男人交往時,不在考慮婚姻問題呢?看清這是一種沒有前途的交往之後,當她再次對薄熙來提到離婚再娶的問題時,薄熙來顯得有些不耐煩,而馬曉晴便借機向薄熙來提出分手。薄熙來答應得倒是十分痛快,但是他提出了一個要求,那就是永遠不對外界透露他們的關系。薄熙來還加了一句,保守秘密你會得到額外的好處。

後來,一位自稱是大連實德集團的人,給馬曉晴送來一張支票，說是受老板徐明的委托專程來送支票的。那人還帶來了徐明的一句口信：保守秘密還會有近一步的好處。

馬曉晴當時表示，自己不認識什麼徐明，但是她托來人帶給派他來的人一句話：我會遵守承諾，但絕不是為了錢。說完這話，她當著那人的面，把那張支票看也不看就撕碎了。然後，揚長而去。

那天晚上，幾位朋友聚會。馬曉晴喝了很多的酒，然後突然跳到了擺滿酒菜的桌子上，從一張桌子跳到另一張桌子上，跳啊，跳啊，跳了整整一個晚上……她說，所有戀愛都談完，所有男人都看穿，這才是真正的曆經滄桑好不好。現在那些談過一次兩次不痛不癢戀愛就要生要死的人，以後請不要隨便侮辱滄桑這個詞了，悄無聲息是種活法，血肉模糊也是種活法，當然，繁華過後都終成一夢。

將近二十年之後，已過了不惑之年的馬曉晴依然孑然一身。談起以往的感情經曆，特別是與薄熙來的那段經曆，她表示不想再提那個人了：嗯，怎麼說呢，那個領域跟娛樂的領域是不同的，說出來對你對我都不好。我覺得感情上的事情已經過去了，為感情付出是沒有意義的。

面對媒體的采訪，馬曉晴表示：「我想我在三十五歲以前把所有的戀愛談完了。」說完這句話，馬曉晴補充說道：「這太八卦了吧!」停了一會,她緊接著說,「我不想要小孩,更不想領養。因為我這個人太馬大哈了,領養個小孩會把他養死。我看過一本書,作者說自己這一輩子注定斷子絕孫。我也是這樣,我不可能照顧好丈夫和孩子。」馬曉晴還向媒體曝出了猛料:有一個帥氣男孩不可自拔地愛上了她。「我不會愛上他,我四十多歲了,他才十九歲。」

海伍德舉薦新加坡

薄熙來在與馬曉晴曾經消沈過一段時期,說明他在自己的內心還是比較在乎與馬曉晴的這段感情經曆的,特別是她最後拒絕接受他讓徐明送去的支票,這讓他心中總有幾分愧疚。但是,這段消沈期去卻只是維持了兩三個月,薄熙來便又「重新出發」,獵取下一個目標。

生性敏感多疑的谷開來,在趕走了張偉傑之後,明顯感覺到丈夫的身邊仍然還有其他女人。特別是他頻繁返回北京與馬曉晴幽會的那段日子,她曾經幾次打電話到家中,卻都發現薄熙來根本就沒有回家。她曾經向薄熙來問起過,為什麼回到北京後連兒子也不去看。薄熙來總是說與外商談判到很晚,來不及回家就匆匆返回了大連。谷開來知道他在撒謊,但苦於沒有鐵的證據，也只能不再追究。

不停地追蹤丈夫的行蹤，但是卻又很難抓到確切的把柄，這讓谷開來感到身心俱疲。也就是在這個時期，海伍德及時在她的生活中出現了。

就在谷開來與海伍德初次有了密切的身體接觸之後不久，他便正式作為薄瓜瓜的英語家庭教師，每周兩次前往谷開來的父親谷景升家，為薄瓜瓜教授英語。有時候，谷開來回北京看望兒子，便會見到海伍德。兩個彼此饑渴的男女自然會抓機會快樂一番。到了一九九五年暑假，海伍德陪著薄瓜瓜從北京來到大連。這是他第二次到大連，也是他第一次邁進谷開來的家門，見識一下市長官邸究竟是個什麼樣子。

到了大連之後，谷開來立即聘他作自己律師事務所的國際顧問，負責打理一些涉及國際商業糾紛的案件。同時，她在海伍德的幫助下，著手籌備在一些國家開設自己律師事務所的辦事處，兜攬當地涉及中國的國際法律訴訟案件。當然，她接手的案件，基本都是以商務糾紛為主。同時，她還相繼注冊了幾家法律咨詢服務機構，其中的一家經營跨國業務咨詢公司，是由她和海伍德兩人聯合注冊的。

谷開來相繼在美英等幾個國家開設的法律咨詢辦事處，主要是聘請當地的律師來打理日常業務。例如，在美國中西部科羅拉多州首府丹佛市開設的辦事處，就是聘請丹佛最著名的大律師柏恩（Ed Byrne）來主持。這位柏恩先生在薄熙來夫婦東窗事發後曾經透露，自己曾獲谷開來招待到大連旅遊：「是我過去二十年來最不尋常的經驗」，當時薄熙來正是大連市委書記兼市長。

當年曾受聘於谷開來的柏恩表示，谷開來的名片上寫的是「Horas L. Kai」，這也是她多年來在美、中、英三地進行商業往來時使用的名字。她經常在美、英、中為有興趣到中國投資的外國人提供谘詢。按照柏恩的說法，曾經和谷開來往來過的人都對她印象深刻，形容她十分聰慧，不斷吹捧自己。柏恩則將她形容為「中國的傑基•肯尼迪」（Jackie Kennedy of China）。

隨著國際間的生意越做越大，海伍德便成為谷開來的一個重要助手。除了海伍德之外，華裔美籍商人陳毅君，以及一名法國建築設計師大衛爾思（Patrick Henri Devillers）等人，都成為谷開來的團隊成員，也都和薄熙來一家很熟悉。

國際間的生意圈打開了，視野便也更加開闊了。當谷開來為薄熙來不斷地沾花惹草而煩惱時，她甚至想要帶著孩子到國外去避一避，換換環境，爭取換換心情。當她把這個想法對海伍德講出之後，海伍德鄭重建議她們母子去新加坡，體驗一下由英國人管制出來的最典型的法制社會。

傑基·肯尼迪當年在《生活》雜誌封面照片風靡全球

海伍德建議谷開來母子去新加坡的主要理由是，那裏以英語和國語為官方語言，去了那裏，既可以更快地學習熟悉英語，而且又有華人的環境，不會感到陌生。而且，更重要的是，可以滿足谷開來的另外一個目的：探索移民海外的可能性。因為，隨著生意越來越大，薄熙來的官越作越高，谷開來和薄熙來兩人積累的財富也越來越多。這些存在中國大陸銀行中的財富總是讓谷開來感到不安，不但擔心有一天這些財富會突然失去，更擔心它們會給自己帶來災難。因為，這些財富中的絕大部分是無法公布其來源的。

谷開來母子下南洋

谷開來把准備前往新加坡住一段時間的打算對薄熙來說了。她當時強調的理由主要有兩條：一是在一個講英語的環境中強化兒子薄瓜瓜的英文能力，會對迅速提高他的英語水平大有好處；二是自己感覺每天應付事務所的業務很累，急需休息放松一下。

薄熙來非常痛快地答應了。從他自己那個方面來看，谷開來帶著孩子遠赴海外，自己在大連就終於沒有了任何拘束，不必再為每天應付谷開來的「查崗」傷腦筋。而且，他也發現，谷開來自打張偉傑事件之後，似乎情緒不大穩定，特別容易失控，這是過去十年裏沒有過的。所以，他也真心希望她能夠通過換個環境，來調理一下自己的心情。而且，他覺得，有海伍德這個熟悉新加坡的家庭教師陪同前往，應該是比較讓人放心的。

在此之前，當谷開來把這個英國小夥子領進家門時，不知為什麼，薄熙來對他的第一印象還不錯，認為他樸實憨厚，又英俊瀟灑。尤其是海伍德家族的英國貴族背景，讓薄熙來特別滿意，認為能夠與他這樣的中國精英特權階層交往，只有具備英國貴族背景才算是比較匹配。如果對方只是個英國的窮小子，那他也許會感覺有些「失身份」。

究竟他是否擔心海伍德會不會給自己戴上一頂「綠帽子」，他自己從來沒有過任何這方面的表示，更沒有對谷開來提起過這個問題。後來曾經有許多報道說，薄熙來當初允許谷開來與海伍德交往是對谷開來百分之百放心；還有人懷疑，海伍德後來被毒死，是因為薄熙來發現了海伍德與古開來的奸情，所以一怒之下才下令殺了海伍德。其實，這兩種分析都與實際情況不符。

依照薄熙來的聰明，他不會愚蠢到相信老婆長期與一個有魅力的男人相處能夠把持得住，更不會相信海伍德長期面對谷開來竟然會坐懷不亂。要知道，一九九六年的谷開來還不倒四十歲，正是女人最為成熟的時期，對長年男人來說，也是最具女人魅力的時期。更何況，谷開來的美麗是周圍人們一致公認的。所以，薄熙來不可能想不到會戴「綠帽子」這一層。

那麼，他能夠大方地同意海伍德陪同老婆兒子前往新加坡，只能有一種可能，那就是他已經察覺出自己實際上已經戴

薄熙來仕途順利，不在乎戴綠帽？圖為薄熙來出任省長

上了「綠帽子」，而為了不再戴上更多頂這樣的「綠帽子」，他甯可把谷開來交給海伍德照看。因為，當時他已經成為大連這個計劃單列市的市委書記，成為了一名副省級幹部，他需要讓外界看到自己家庭的和睦。這對於自己的形象塑造很重要。

為了順利地繼續攀上新的仕途高位，他不可能再次離婚。所以，只要谷開來能夠配合他維持住這個家庭在外界的名聲，她背地裏願意與海伍德親密一下，他倒甯可假裝不知。何況，那個英國貴族後裔並不令人討厭。再加上，一直在外面有其他女人的薄熙來，對於他依然喜歡的老婆谷開來總有幾絲歉疚。如今，也就算是對她的一點補償吧！

就這樣，一九九六年春節之後不久，谷開來到景山學校為兒子辦理了暫時休學的手續，便帶著薄瓜瓜由海伍德陪同，前往新加坡短期居住了。臨行前，她與海伍德談好，海伍德在幫助她們母子安頓下來之後，便會返回中國。一來是還有一堆生意上的事情需要打理，二來也是要給薄熙來留點面子，不能讓他覺得下不來台。

新加坡綠卡首用「薄谷開來」

海伍德是先於谷開來和薄瓜瓜幾天抵達新加坡的，他的任務是預先為谷開來母子租好房子，然後到機場迎接這對母子。海伍德的使命完成得很順利，他很快就幫助谷開來母子安頓下來，然後又分別為薄瓜瓜和谷開來聯系好了學校。

薄瓜瓜進的是一所專門為駐當地外交官的子女開設的小學，而谷開來進入的是一所大學的英文預科班。當谷開來母子二人分別進入學校就學之後，海伍德按照谷開來的要求，盡快返回了中國。谷開來特別囑咐他，回去以後首先要向薄熙來報道。海伍德完全照辦了。

在新加坡的日子過得倒也簡單。谷開來每天先是送兒子到學校，然後再去上自己的課，下午去學校接回兒子。回到家之後，有時自己興致高，便會作上一頓晚餐；如果沒興致，就帶著兒子上街去吃。反正新加坡幾乎遍地是餐館，滿街是小吃。母子倆每次就餐都換一間餐館，幾個月下來，幾乎把全城餐館吃了個遍。

就在這期間，谷開來悄悄展開了她來新加坡的主要議程，也就是聯系辦理移民申請。在中國期間，她在世界各地開設自己律師事務所辦事處時，曾經特別留意過新加坡的情況，也曾經通過關系，同新加坡的幾家律師樓談過合作問題。因此算是有些關系。

當她找到曾經談過合作的一家律師樓時，對方十分熱情，對未來開展合作也很有誠意。當她提出移民問題時，對方立即表示願意全力協助，並且熱情向她介紹了新加坡的移民種類、申請方式以及所需條件等。

根據介紹，移民新加坡主要有「技術移民」和「投資移民」兩種途徑。投資移民又包括兩種方式：一種是一百五十萬新幣（約合人民幣七百五十萬元）投資移民，可購買基金或創業；二是六百萬新幣（約合人民幣三千萬元）投資移民，購買銀行理財產品（可保本）不少於四百八十萬新幣，買房不少於一百二十萬新幣。因此，有人想通過買房移民新加坡，只有六百萬新幣這種途徑，因此投資顯得相對較高。

當然，目前新加坡投資移民的標准早已大幅度上調。據新加坡經濟發展局官網公布的新標准，從二零一一年一月一日起，新加坡投資移民的金額將由原先的一百五十萬新加坡元提高到兩百五十萬新加坡元。另外從二零一零年十月一日起，對於擁有創業及經商經驗的申請者，公司主營業額准則方面也有重大變更。

但是，一九九六年時，新加坡的投資移民標准就是最低只需要七百五十萬元人民幣。這個錢數對於谷開來來講，實在是個很小的數目。所以，她立即就在律師樓簽署了委托書，委托那位律師全權為她辦理移民申請手續，並且不惜另外加錢，要求加急辦理。

她當時已經了解到，如果拿到移民身份，也就是綠卡之後，如果想要加入新加坡籍，只需要在新加坡居住滿兩年，就可以提出入籍申請了。

按照谷開來的算盤，如果有了新加坡移民身份，便立即以自己的名義在新加坡開設一家法律咨詢公司，專作中國業務。那樣一來，即使自己並非身在新加坡，也照樣可以算是在新加坡居住了。因為她是受自己注冊的那家新加坡法律咨詢公司的委派，去常住中國工作的，每月工資照樣從新加坡公司開出，照樣向新加坡政府納稅，這樣便無需在新加坡「坐移民監」就可以順利申請加入新加坡籍。而一旦拿到新加坡國籍，便可以隨意安排自己的定居地點了。因為，持新加坡護照進入西方主要國家，例如歐洲國家和美國、加拿大等都不需要簽證，十分方便。

工於心計的谷開來一直擔心薄熙來未來可能會遭到清算。所以她急於以新加坡作為跳板，打開進入歐美的大門，把兒子最終送往歐洲或美國，把從國內搜羅到的大筆財富轉移到海外，為自己留下一條後路，也算是對兒子有個交代。

結果，一切出奇地順利。由於谷開來委托的那家律師樓，同新加坡移民局有著十分密切的聯系，所以「加急」申請以「特急」的速度辦理。不到六個月，谷開來的新加坡綠卡便批了下。薄瓜瓜作為未成年子女，隨母親一道申請，也同時拿到了綠卡。新加坡移民局負責辦理手續的那位華人移民官，在審核谷開來的移民申請時，看到她的丈夫姓薄，便按照香港華人的習慣，把這個姓氏加在了谷開來的名字前面。結果，谷開來綠卡上的名字便成了「薄谷開來」。

這本來是那位移民官的一個錯誤，谷開來在領取移民卡時可以提出來要求更正。但是當時，谷開來急於拿到綠卡後返回中國，不想再為這一個字而等上至少兩三個月。因此，便將錯就錯，由它去了。不想，就是因為這一個錯誤，導致她後來加入新加坡國籍時，也不得不延用這個名字，而她在新加坡的法律名字便也就因此成為「薄谷開來」了。

直到二零一二年四月十日，中國官方在宣布薄熙來停職、谷開來逮捕法辦的消息時，首次使用了「薄谷開來」這個名字，還曾經引起各方猜測，不解為何「谷開來」突然變成「薄谷開來」。有人還特地通過北京市公安局的關系，查閱谷開來的戶籍檔案，卻沒有發現她的改名記錄。於是，各類謠傳紛紛而起。其真正原因，原來就是由於新加坡移民官的一個錯誤。

拿到綠卡之後，谷開來仍然委托那家合作律師樓，用最快速度為她注冊了自己的公司，並且辦理了新公司的全部財務注冊手續，而且當月就為自己開出了一筆工資。她又委托一家會計師事務所，為她的公司打理日常財務報表及稅務方面的日常瑣事。

隨後，她便帶著薄瓜瓜返回了中國。剛好沒有耽誤薄瓜瓜暑假後重返景山學校上學。前前後後算來，谷開來在新加坡居住的時間剛剛七個月。

第八章

薄瓜瓜英國入名校
保顏面打造紅三代

202

貴族要進最好的名牌校

一九九九年初，谷開來與丈夫薄熙來商定，把兒子薄瓜瓜送往英國最好的私立學校哈羅公學讀書，並且要讓他從此一路在全世界頂尖級學校接受最好的教育，打造薄家的新一代精英。

選擇哈羅公學仍然是海伍德的建議。在以往幾年的交往中，海伍德無時無刻都表現出的一種來自骨頭裏的高雅紳士風度，曾經一直讓谷開來著迷。她也曾經半開玩笑h15地問起海伍德：你那紳士風度是不是從娘胎裏帶來的？海伍德的回答是，不，這是哈羅公學教出來的。五年的哈羅公學會讓人終身受益。從那時起，谷開來便記住了這個「哈羅公學」。

哈羅公學

作為英國貴族後裔的海伍德，自己接受過哈羅公學的完整教育。但是，如今卻已經算是比較落魄。他到了中國以後，一直保持低調，從來不會向人吹噓自己的家族背景。在以家庭教師的身份進入薄家之後，他感覺到這個中國的貴族家庭似乎不同於英國貴族。他們似乎太過張揚，時時總要顯示自己的身份和地位。這讓他總是感覺有幾分不舒服，特別是在他與谷開來建立起秘密的肉體關系之後，他更時時感受到她的那種居高臨下，完全不象是一隊平等的情侶。這感覺雖然令他煩惱，但是她太令他著迷了，以至於一切其他方面都不那麼重要了。只是，當谷開來給了他機會介紹自己出身時，他才會提醒這位「女王」，自己是舉世著名的哈羅公學的畢業生。

谷開來其實並不十分了解哈羅公學的詳情，但是當聽到海伍德說那是一所英國的貴族私校，她便出生了興趣；當得知哈羅公學是英國頂尖級私校時，她便已經決定，要把兒子送到那裏就讀。於是，她向海伍德詳細了解了那所學校的詳細情況。

大凡太子黨留學，和普通老百姓的作法大不相同。老百姓的子女，因為受到經濟條件的局限，一般都是被國外大學錄取了才去留學。而太子黨的權貴們，卻不受這個限制，他們想去留學就先出國，到了國外再學英語。等到英語學得差不多了，自然可以找到學校留學。這就是太子黨的留學辦法，包括萬裏的孫女萬寶寶、毛澤東的外孫女孔東梅，當然還有薄熙來的兒子薄瓜瓜，都是這樣留出來的。

薄家考慮的不是錢的問題。薄瓜瓜自己說：「一聯繫就發現很困難，聽說英國人剛出生就得報名，還要在指定的預備學校考察好多年，最後參加全英統考，過了關才能入學。」所以不足十二歲薄瓜瓜才由母親陪著，前往英國，在倫敦讀了三年英文，一直讀到哈羅公學能夠勉強接受的程度。這樣，從十五歲到十九歲，薄瓜瓜就成了哈羅公學有史以來的第二個中國學生。

但是哈羅公學的名望，卻是用大把的英鎊堆積出來的。學校是寄宿制的男校，每年的收費高達三萬多英鎊之巨。這還不算他經常來回中國，他母親經常去英國探望等費用。

從十二歲到十九歲，薄瓜瓜在英國留學七年，總計算起來，大概要花掉二十多萬英鎊，按照當時的匯率，至少需要二百五十萬人民幣以上。這許多錢，如果薄熙來不是貪賄所得，那就是把他老婆谷開來給賣了，也付不起這樣昂貴的學費的。

據知情者透露，薄瓜瓜進哈羅之前的錢全都是大連大商集團有限公司董事局主席牛鋼出的。代價則是他爹薄熙來利用當大連市委書記和商務部長期間，力主幫助大商集團壟斷大連商業。

哈羅公學的前世今生

在倫敦西北郊有座哈羅小鎮的中部高地，坐落著一所久負盛名的頂級男生寄宿制貴族學校哈羅公學。這位於英格蘭大倫敦哈羅區，是英國曆史悠久的著名公學之一。它由哈羅當地的一個農民約翰•里昂於一五七二年創建，最初的目的是為當地的男童提供受教育的機會，但經過幾百年的發展與演變，今天的哈羅公學是英國最富盛名的私立學校之一，入讀的多為本地區以外的富家子弟。其招收的學生都是年齡在十三至十八歲之間的男生，目前大約有八百名學生就讀，全部為住校生。

原本高在雲端的哈羅公學，因成為全球大熱的《哈利波特》影片中霍格維茨魔法學校的取景地而漸漸為人所知。而因薄瓜瓜入讀也廣為中國人所知。像霍格維茨魔法學校一樣，哈羅公學也有著自身的魔力。它以其綿長厚重的歷史、優質的教育、與全球權貴過從甚密而聞名於世。

一五七二年，依照英女王伊麗莎白一世頒發的王室規章，哈羅小鎮農民約翰·裏昂建立了哈羅公學，為當地的農民子弟提供教育。隨著英國國勢日趨強盛，哈羅公學迎來了自己的華麗轉身，搖身一變，成了貴族學校，真是往來皆貴冑，談笑無白丁。輝格黨人對此「功不可沒」。正是當初輝格黨的權貴們對哈羅公學出手慷慨闊綽，使得該校學費如芝麻開花節節高。當時，哈羅公學每年學費為十英鎊，而這一數字如今刷新為每年兩萬五千英鎊。即便學費高昂得令人咋舌，依然無法阻擋權貴們爭先恐後地把自家公子送入該校求學。

歷史充滿了吊詭，個中密密匝匝的偶然與必然，常常超越了平凡頭腦所能思量的範圍。輝格黨為何鍾情哈羅公學？因為輝格黨的冤家對頭托利黨偏愛伊頓公學。如劍橋和牛津不一樣，哈羅和伊頓也彼此鮮有好感。牛津與劍橋有賽艇對抗賽，哈羅和伊頓則有板球對抗賽。有個神一般的對手，何嘗不是甜

HARROW
SCHOOL

哈羅公學是有四五百年悠久曆史的貴族學校

蜜的憂愁，至少彼此砥礪較勁，保持高水准。

有著四五百年悠久曆史的哈羅公學，翻開其校史，真可謂星漢燦爛。光是哈羅的曆任校長名單上，就有成為坎特伯雷大主教的隆裏博士、華茲華斯的侄子克裏斯托弗·華茲華斯博士。哈羅畢業生更是社會精英中的精英，砥柱中的砥柱。哈羅出過七位英國首相，而其中尤以丘吉爾最為有名。此外，印度的賈瓦哈拉爾·尼赫魯、約旦國王侯賽因、伊拉克國王費薩爾二世以及大詩人拜倫也都是該校畢業生。

像英國其他公學一樣，哈羅公學也是比較注重人文教育和體育活動。在哈羅建校之初，教學語言只有拉丁語。在一八零五年到一八二九年任校長期間，喬治·布爾對哈羅進行了諸多改革。不再禁止使用英語，也引入了法語、意大利語、槍械射擊和火炮操控等課程。柏拉圖早就在《理想國》中論述過音樂教育與體育教育的重要性。音樂教育與體育教育都是為了鍛煉心靈。艱辛的體育教育為的是鍛煉心靈的激情部分，而不單單是為了增強體力。

伴隨著時代往前走，自然科學、工程學、數學、經濟學等課程也加入了哈羅公學的課程表。值得一提的是，哈羅公學也開設了中文課程。二零零五年，哈羅公學在北京頂級豪宅區格拉斯小鎮開設了其分校——北京哈羅國際學校。該校采用全英式教育，就連教學大綱也照搬英倫本土的哈羅公學。而更早時，哈羅公學於一九九九年在泰國曼谷開辦了國際分校。哈羅在中國的腳步似乎走得更快些，二零一一年四月，哈羅公學宣布將在香港的新界屯門區開設分校。

「讀哈羅，入牛津」這樣的魔力宣傳語流傳至今。即便如此開分校的速度，也難以滿足經濟騰飛國家膨脹的需求。這些國家的新貴們，紛紛想著提高子嗣的貴族氣質，熱衷於把他們送入曆史悠久的貴族學校，以便日後步入世界頂尖學府接受深造。

哈羅公學的專業攝影師曾為中國某媒體撰文寫道，哈羅人對於來自中國的學生，尤其是中國大陸的學生的背景向來守口如瓶。這與哈羅透明介紹其他國家學生顯赫家世的做法多少有點相悖。也因為如此，盡管在薄瓜瓜入學之前，哈羅公學就迎來了建校數百年來第一位來自中國大陸的學生，但至今為中國人所知的或許也就是薄瓜瓜一人吧。

海伍德監護薄瓜瓜

谷開來、薄瓜瓜母子由海伍德陪同，是於二零零零年下半年抵達英國的，由於哈羅公學招生考試十分嚴格，薄瓜瓜只能先補習英文，待達到學校的錄取標准後，才能考慮錄取。按照海伍德的說法，依照薄瓜瓜當時的英文水平，要想進入哈羅公學，至少還需要一年時間。

三人抵達英國之後，由海伍德作導遊，先是從南到北把英倫三島遊了個遍。隨後，根據海伍德的建議，他們選擇暫時安居在英國南部城市波恩茅斯。三人在那裏租了一處兩室一廳的公寓居住。在那段時間裏，谷開來和海伍德便當著薄瓜瓜的面大大方方地公開同居一室了。

直到海伍德死後，有當時曾經與谷開來同住在一座公寓樓裏的鄰居回憶說，還及得當時，也就是二零零一年他們作鄰居時的情景。每次他們上樓時，海伍德總是會十分親昵地摟著谷開來的腰部，那舉止完全就象是一對夫妻。那位當年的鄰居對

谷開來和海伍德在波恩茅斯的基斯頓大樓

英國《泰晤士報》記者表示:「從肢體語言來看,在一同走上樓梯的時候,一名男子會掐捏女子的後面……過於親密」。

《泰晤士報》記者循著這條線索追查,發現根據英國工商部門二零零一年三月到二零零二年一月的紀錄,谷開來在英國登記的住址是波恩茅斯的基斯頓大樓Keystone House。《泰晤士報》說,谷開來和兒子薄瓜瓜就住在這棟大樓的頂樓。按照該報的報道說,海伍德並不是每天都住在這裏,但卻是每天造訪的常客。有時便也會留下過夜。有時一大早,鄰居便會見到海伍德領著薄瓜瓜一道走出家門,去當地的一所學校上學。

鄰居說,谷開來他們住的是公寓最高一層,海伍德在公寓過夜時住在右邊第一個房間。鄰居之所以知道得如此清楚，是因為經常看到海伍德從窗戶探出頭來抽煙。而谷開來則是一直都是在廚房裏忙前忙後。

據說，當海伍德留下來過夜時，谷開來總是會「搬到」薄瓜瓜那間臥室，與兒子同睡，等到兒子入睡後，再溜到另外一間臥室去同海伍德親熱。海伍德曾經告訴她不必向兒子隱瞞兩人的關系，因為一切都已經是明擺著的。但是谷開來還是堅持要作個樣子，不想讓兒子到薄熙來那裏去說什麼。但其實，有幾次薄瓜瓜夜裏醒來，媽媽並沒有睡在旁邊的床上，他便早已知道媽媽同海伍德的密切關系了。不過，早熟的薄瓜瓜卻從來沒有對媽媽和海伍德說過什麼。

在這期間，谷開來曾經幾次短期返回中國。在她離開英國時，薄瓜瓜便由海伍德負責照管。

二零零二年底，經過近兩年的英文補習，薄瓜瓜終於勉強達到了哈羅公學的錄取標准。經過海伍德利用自己是該校校友身份的一番斡旋，薄瓜瓜終於獲得了錄取。在他正式入學之後，谷開來便返回了中國，只留下海伍德作為監護人，周末照顧一下他的生活；同時，也負責處理自己律師事務所英國辦事處的業務。

多年以後，薄瓜瓜在接受《鳳凰衛視》采訪時形容在哈羅

在哈羅公學讀書期間的薄瓜瓜

公學讀書期間的生活十分枯燥，他完全生活在封閉嚴格、沒有周末的公立男校中。除了參加正規的社會公益和學術活動外，薄瓜瓜沒有其他的社會聯系，幾乎是與世隔絕的。

但《鳳凰衛視》的介紹說，在校園裏的薄瓜瓜卻十分活躍。比如，在哈羅公學期間，他報名參加了英國社會在學生中常年組織的「攻擊性淘汰賽」，有點類似中國的「鐵人三項淘汰賽」。這是在全英所有公立學校開展的一項活動，要進行長達三年的殘酷訓練和淘汰，包括要過生死關、饑餓關、險情應變等等，由英國皇家海軍陸戰隊特種兵軍官擔任教官，一輪一輪地淘汰。薄瓜瓜參加的這一期比賽最後堅持下來的只有八名學生，他是其中惟一的東方人。

再如，他是哈羅公學同學中公認的英式橄欖球的球星，極受同學們的崇拜；他還因騎藝精湛，被選為馬術隊隊長；經過無數次的訓練和比賽，薄瓜瓜還在擊劍比賽中，獲得過哈羅公學的擊劍冠軍。

《鳳凰衛視》對薄瓜瓜的這次訪談，可以說是把薄瓜瓜美化了許多。但事後才有知情者爆料說，薄熙來與《鳳凰衛視》的老板劉長樂是「鐵哥們」，劉長樂是按照薄熙來的授意，下令手下去吹捧薄瓜瓜的。在薄熙來倒台後，有國家安全部背景的劉長樂也曾經被中央專案組請去「喝咖啡」。

牛津大學貝利奧學院

二零零五年底，薄瓜瓜參加了英國統一高考，報選牛津大學經濟、哲學、政治三項綜合專業的創史學院——貝利奧學院，經全國統考和該校複考等，成為該學院此專業的首位中國學生。他的正式入學時間，是二零零六年十月。

牛津大學貝利奧爾學院

無論是薄瓜瓜自己在日後接受《鳳凰衛視》專訪時，還是薄熙來在倒台前夕最後一次公開面對記者，兩人都異口同聲宣稱，薄瓜瓜入讀牛津大學，靠的是全額獎學金。有人曾經就此向牛津大學查證，但校方不肯透露任何實情。但是，熟悉該校運作的人士都說，牛津大學極少向一名本科生發放全額獎學金，即使這名學生特別優異，具有十分明顯的過人之處，也不過是提供部分獎學金，而這部分獎學金一般都是以減免學費的方式發放。

事實上，薄瓜瓜並無任何過人之處，他的入學考試成績也不過只是勉強達到錄取標准而已，沒有理由獲得任何獎學金。

但實際上，薄瓜瓜又確實從牛津大學頂尖級的貝利奧學院拿到了一筆獎學金。原因何在呢？原來，谷開來指示海伍德向貝利奧學院作了一筆數額五百萬元英鎊的捐款，捐款的唯一條件就是為薄瓜瓜設立一項特別獎學金，用作他入讀貝利奧學院的學費和生活費用。對方答應了這個條件，並且答應永遠為這項交易保守秘密。因此，薄瓜瓜便確確實實拿到了學校發出的「全額獎學金」。

對於校方來講，一名本科學生在校就讀也只有四年，四年的學費加上生活費用不過幾十萬英鎊。但是，對方捐款確高達五百萬英鎊，這實在是一筆十分有誘惑力的交易，完全沒有理由拒絕。就這樣，薄瓜瓜在二零零六年十月成為貝利奧學院的全額獎學金住校學生。

坦白地說，這薄瓜瓜外形上繼承了父母雙方的優點，既有父親薄熙來人高馬大的瀟灑外形，又有母親谷開來玲瓏秀氣的細致五官，看上去很容易討人喜歡。而且，他特別繼承了薄熙來的交際天賦，喜歡與人打交道，拉關系，建立自己的朋友圈。再加上，他有的是錢，在交際應酬時從不吝嗇，出手大方。

因此，薄瓜瓜很快在同學中建立了聲譽。入學後不久，便在牛津學生最高聯合總會換屆選舉時，當選為常務理事，成為第一個進入該會領導機構的中國人。也正是因為如此，在二零零七年中國評選八零後傑出青年時，主辦者為了拍薄熙來的馬屁，把薄瓜瓜同姚明、韓寒、王寶強、劉亦菲、釋小龍等，一道評為「中國八零後十大傑出代表人物」。

不知是不是受到父親薄熙來的影響，薄瓜瓜未滿二十歲時，便已經立志從政，作為「紅三代」未來去接父親的班。他並且曾經揚言，要作「中國的肯尼迪」。所以，他在牛津大學期間，讀書並不起勁，但是各種社交應酬卻格外熱情，主動承攬了一大堆社會職務，例如象牛津扶助海外貧困學生協會主席助理、牛津大學政、經、哲協會發言人、英國亞當史密斯經濟研究會會員等。二零零八年北京奧運會期間，他又成為北京奧運會海外學生志願團團長，到北京奧組委出任義工。

騙人的「大笨鍾獎」

二零零九「大本鍾獎」英國十大傑出華人青年評選，於當年五月九日揭曉，薄瓜瓜當選十大傑出青年之一。這個消息曾經被國內媒體大肆報道。然而內幕究竟如何呢？

當初薄瓜瓜考入牛津大學時，他那個靠父母受賄得來的二十多萬英鎊堆出來的哈羅公學的學歷，自然也很管用，直接就進了牛津大學頂尖級的貝利奧學院，成為本科學生。誰知道

薄瓜瓜忽然獲得了大笨鐘獎

他到牛津才讀了一年不到，忽然當地中文媒體曝出了一個大新聞：薄瓜瓜被評選為「十大華人傑出青年」。在遠離英國的中國大陸，一時間洛陽紙貴，「優秀才子」、「青年才俊」等溢美之詞鋪天蓋地砸在了薄瓜瓜身上。

這實在是一則令人感到奇怪的消息。英國因為移民法的嚴苛限制，使得在英國的華人數量很少。根據英國政府人口普查的官方數據，在英國的華人總數只有二十五萬人。其中僅有百分之十九出生於中國大陸。也就是說，中國大陸出生的在英華人，僅有五萬多人。

僅僅有五萬人的少數族裔人口，由於分佈很散，實際上並不能構成華人社會。令人奇怪的是，華人數量超過四百多萬的美國，從來也沒有評過什麼「十大傑出華人青年」，而華人總數才五萬人的英國為什麼要評這個呢？

更重要的是，所謂評選「十大傑出華人青年」，是從根本上違背當地政府政策的。對於英國政府來說，少數族裔必須和主流社會相融合，而決不是分族裔生活。所以，英國政府部門，是絕對不會參與、鼓勵和支持這類活動的。

那麼薄瓜瓜的所謂「十大傑出華人青年」或者稱為「大笨鐘獎」，又是怎麼回事呢？故事要從一個福建偷渡客李俊辰開始講起。李俊辰本來是福建的農民，從福建偷渡到英國後，冒用別人的身份，終於獲得了英國的居留。此後他一直在努力實現發財的夢想。其中主要是辦一份免費贈送的華人小報《頭條辰報》為生。

幾年以前，中共爲了對海外進行統戰，撥發大量經費支持這一類免費華人小報，以換取小報業主對中共的忠誠。其中包括德國的《華商報》和英國的《頭條辰報》以及美國、加拿大的一些中文免費小報。拿到中國官方為數可觀的經費後，農民李俊辰從此意識到，只有中共才是真正的大老闆。

但是，李俊辰拿了中共的資助以後，反而不熱衷於辦報紙了，轉而奔向中國，到大陸尋找他的發財機會。從二零零六年起，他就開始在《北京青年報》等媒體發表自我吹捧的文章，

本來是福建偷渡客的李俊辰

試圖通過這些吹捧，來擡高自己的身價，以便發更大的財。所以，他積極向中共投靠，賣力地為中共組織統一中國促進會等華人組織。後來經過中共駐英國大使館的組織，在經常參加使館組織的歡迎中共領導人到訪的學生基礎上，於二零零六年成立了一個所謂的「英國華人青年聯會」。爲了騙取註冊文件，李俊辰刻意將這樣的一個少數族裔的民間協會，註冊成一個慈善組織。

就是這樣的一個中國大使館的影子組織，二零零八年在中共駐英國大使館公使銜參贊陳曉東（專門負責學生工作）的操縱下，於二〇〇九年組織了這一場評選十大傑出青年的「大笨鐘獎」的鬧劇。李俊辰得到了一筆可觀的資金，出資人顯然是和薄熙來有關的機構或者企業。李俊辰一夥受中國大使館之命搞了這樣的一次評選活動。評選的目的，就是要把薄瓜瓜打造成一個「傑出青年」。

很明顯，薄瓜瓜獲得「大笨鐘獎」，本來就是薄熙來的手下和李俊辰聯手演出的一場戲。

花天酒地的墮落生活

李俊辰受中國大使館之命，為薄瓜瓜在國內大肆炒作立下了汗馬功勞，自己也隨之收益。他立即回到中國，以名人身份簽名出售他的著作。風頭之健，一時無雙。

但也許是由於薄瓜瓜和李俊辰聯手造假，做得有點過分，引發了當地華人的不滿和反彈。薄瓜瓜剛剛獲得所謂的「英國十大華人傑出青年」的「大笨鐘獎」之後不久，網絡上就出現了一批薄瓜瓜的照片，頓時使得這個太子黨花花公子的面目暴露無遺。這一批照片，共有十張左右，其中大多數是薄瓜瓜在夜店風流放蕩的照片。因為照片拍的是夜景，所以背景並不清楚；但是清楚的是薄瓜瓜喝得半醉，面色绯紅，雙眼迷離，左擁右抱

薄瓜瓜衣衫不整，歪戴著領帶，臉色酡紅

金髮美女。

從照片可見，薄瓜瓜衣衫不整，歪戴著領帶，臉色酡紅，顯然已經喝了不少酒。酒後亂性，於是和數個不同的金髮女郎，東倒西歪、神情曖昧地合影。與之擁抱親熱，作出親昵動作的金髮女郎，竟然多達八、九名之多。其中數張照片中，薄瓜瓜神情迷離，完全是一副陶醉於情色的表情。更為不堪的是，其中有一張照片，則是這位「傑出青年」脫光了上衣所攝。顯然，這是薄瓜瓜和他的好色老爸薄熙來一樣，終於獸欲發作，真相畢露了。

其中也有一張和金髮女郎的親昵合影，則並非是晚上的場景，而是在白天的一個公共場所裏。兩個人神情親密，完全是一副戀人的樣子。可見薄瓜瓜平時生活中，的確是所交甚濫。還有一張令人不齒的照片是薄瓜瓜和其他四名身穿校服的同學一起，竟然沖著學校的一座古色古香的鐵柵欄門，隨地小便。像這種不文明的醜陋動作，現在連中國小地方的野雞大學學生也做不出來，卻偏偏由這個太子黨的「傑出青年」來完成，而且還居然被拍成了照片。薄瓜瓜在撒尿時的表情，還顯得得意洋洋。

這些淫亂下流的照片上網以後，薄瓜瓜這個太子黨小太歲的氣焰仍然非常囂張。他還立即通過其母親谷開來的關係，找到媒體進行所謂的解釋。他居然聲稱這些照片只是牛津大學舉辦的一次化妝舞會。「在這種類似狂歡的集體活動中，平時很靦腆的同學也往往做出怪樣，解脫平時巨大的學習壓力。」

這種解釋，實在是對中國人的最大的愚弄和嘲笑了。薄瓜瓜仗著很多人不知道化妝舞會的樣子，完全信口胡說。化妝舞會，又名假面舞會，的確在英國比較流行。但是化妝舞會卻必須化妝，也就是說要穿稀奇古怪的衣服。或者至少有一個面具或者眼罩。否則的話，是稱不上化妝舞會的。而薄瓜瓜明明是穿西裝戴領帶進的飯店，半醉以後才歪戴的領帶，居然能把這種場景解釋成化妝舞會，看來他已經學到了老爸薄熙來顛倒黑白的全套本領了。

傅瑩大使為薄瓜瓜遊說

多行不義必自斃。薄瓜瓜雖然只是一個非常年輕的孩子，本身犯有一些錯誤，也並不要緊。但是他那囂張的太子黨父母薄熙來和谷開來拔苗助長式的教育下，養成了自大、張狂、淫蕩和囂張的個性。這樣的個性，自然在這個社會中，要受到懲罰的。

由於薄瓜瓜迷戀於風流生活，經常性夜店逐醉，並且經常飛回中國參加各種活動，結果他在自我炒作「英國傑出華人青年」的同一時間，他在牛津大學的學業變得一塌糊塗。據他的同學說：「他的多門考試個位數，無法繼續學業。名義上叫休學，給他面子而已。」當時網絡上流行一種說法，就是這個囂張的薄瓜瓜已經被牛津大學開除，大有大快人心的感覺。

《北京青年報》記者調查牛津大學的時候，得到的回覆是，薄瓜瓜並沒有被牛津大學開除，而是被要求休學一年再回來參加畢業考試。顯然，牛津大學學籍處的工作人員給薄瓜瓜留了面子。這和英國式的教育傳統有關。事實上，英國大學一般都沒有開除學生一說。但是薄瓜瓜卻遭到了牛津大學最嚴厲的一種行政處分：Rustication。中文可以翻譯成強制停學一年。

遭到「強制停學一年」處分的學生，基本上都是無可救藥的壞學生；因此學校對其予以強制停學一年的處分，一年後才允許其重新上學。

實際上，依照薄瓜瓜如此之爛的學習成績，牛津大學本來是准備地給他一個強迫退學的處分的。強迫退學是迫使他自己主動退學，從而不必由學校來開除他。因此，強迫退學是比開除稍微輕一些的處分。但是，薄瓜瓜為了避免出現這種丟盡顏面的局面，便瞞著父母跑到中國駐英國大使館去搬救兵。

當時出任中國駐英國大使的，是後來成為外交部副部長的傅瑩。出生於一九五三年的傅瑩是蒙古族。她二零零七年四月獲得駐英國大使任命時，被稱為是中國第一位少數民族女大使，也是第一位駐英國女大使。由於駐英國大使是副部長級，所以她也同時被稱為是繼王海容的第二位副部級女外交官。這位傅瑩，在外交方面風格強悍，被稱為是外交部的女強人。

女強人到倫敦上任之後不久，在二零零七年夏天，便接待了一位來自中國的神秘訪客。這位訪客就是時任中國商務部長的薄熙來，當時薄熙來利用到歐洲訪問的機會，專門繞道英國，悄悄前往牛津大學拜訪了校方高層，又拜訪了貝利奧學院高層，為兒子薄瓜瓜順利進入那裏讀書表示感謝。由於薄熙來那一次並沒有正式的防英行程，所以官方媒體都沒作報道。不

前駐英國大使傅瑩

過事後有報道說，深知兒子行事風格的薄熙來，擔心兒子可能會因為不認真讀書而受到校方的處罰，所以親自等門向學校再次捐款，以確保兒子平安畢業。但牛津大學校方對於媒體關於薄熙來是否曾經捐款的問題拒絕回答，理由是校方根據協議，保護所有募捐者的隱私。

薄熙來在臨離開英國前，特地到中國駐英國大使館，拜訪大使傅瑩。主要是托付她關照自己的兒子。傅瑩與薄熙來雖然此前並不認識，但是卻清楚地知道，這位太子黨的商務部長即將再次高升，進入中共中央政治局。因此，傅瑩對薄熙來自然不敢怠慢。她除了熱情招待薄熙來之外，更滿口答應會全力關照薄瓜瓜。當晚，薄熙來一定要請傅瑩和丈夫吃飯，並且叫上兒子與女大使認識。從那天起，薄瓜瓜便稱呼傅瑩為「傅阿姨」，傅瑩也把他作為自己的孩子一樣看待。

因此，當薄瓜瓜向她緊急求援時，傅瑩一點也不敢怠慢。她立即率領兩位大使館官員前往牛津大學為前薄瓜瓜求情，要求學校不要因薄瓜瓜不努力學習而處罰他。傅瑩在與牛津大學貝利奧爾學院院長格雷厄姆博士見面時表示，中國人都是很要面子的，尤其是高級領導人的面子更為重要。如果薄瓜瓜被學校開除，對身為政治局委員的薄熙來來講實在是非常難堪；而且中國人一向重視教育，在薄瓜瓜這樣的家庭出現這種情況，會讓他的父親和祖父都非常難堪。希望校方能夠理解這一點。如果能夠免予處罰，或者是減輕處罰，無論是中國官方，還是薄瓜瓜的父母都會相當感激，而且也一定會作出報答。

格雷厄姆博士開始時表示，既然如此，薄瓜瓜的家長就應該讓他努力學習，爭取好的成績，為自己的家庭和父母爭光，而不是現在這個樣子。女強人傅瑩當時以少見的低聲下氣，一再向對方表示，一定會努力督促薄瓜瓜改變現狀，努力學習；同時還作出了一系列幫助奧爾學院爭取中國富商捐款的承諾，並邀請格雷厄姆博士赴中國「考察」，開銷由中國大使館承擔。

總之，就在傅瑩出面之後，薄瓜瓜後來被牛津大學暫停學業一年，但允許他一年之後回校參加畢業考試，如果考試合格，便可以照樣獲發本科畢業文憑。結果，一年以後，薄瓜瓜最終以二點一分的成績(注:相當於良好)從牛津畢業，這個結果曾經令許多朋友感到驚訝。不過，貝利奧爾學院後來確實收到過來自中國大陸人士的募捐，但是，院長格雷厄姆博士卻始終沒有接受傅瑩的邀請赴中國「考察」;而且，貝利奧爾學院也拒絕為薄瓜瓜前往美國哈佛大學攻讀碩士學位提供推薦信。

結交名流埋伏筆

其實，早在英國讀書時，薄瓜瓜就曾經通過自己出錢辦晚會，來結識各界名流。例如，他曾組織「絲綢之路舞會」(Silk Road Ball)等活動，還曾邀請影星成龍為學生授課，並帶領他的英國同學到中國參觀。這在幫助薄瓜瓜進入當地主流社會過程中起了很大作用。

在薄熙來倒台後，英國媒體對薄瓜瓜當年在英國的結下的關系網展開追蹤，結果大有收獲。媒體發現，薄瓜瓜的朋友圈多人已經打入國際商界，有些未來還有可能步入政壇。

鮑威爾勳爵

例如，薄瓜瓜的韓國朋友Terry Oh，是薄瓜瓜哈羅公學的同學。據稱他是一位有抱負的模特，同時在全球最大債券基金公司PIMCO擔任研究員，而該公司在東南亞地區存在很大的效益。二零零八年他倆在貴賓席觀看了北京奧運會開幕式。二零一一年七月，兩人一道參觀了長城，並到重慶鄉下參加騎馬活動。薄瓜瓜還有一位名叫Pippa Lamb的女性好友，她曾在英國駐華大使館實習過，現任職於對華投資巨大的JP摩根公司。

最值得關注的是，薄瓜瓜還有一位處於英國政界核心的重要人物，即曾為前英國前「鐵娘子」首相撒徹爾夫人（Margaret Thatcher）以及梅傑（John Major）擔任私人秘書的鮑威爾勳爵(Lord Charles Powell)。鮑威爾曾經是薄瓜瓜在哈羅公學以及牛津時的監護人或「導師」,而薄瓜瓜把前者視為一種「父親」的角色。鮑威爾接受《星期日電訊報》的采訪時說,「我是通過他的父親認識這個孩子的,他在牛津學習的時候,我有時會見到他。」鮑威爾有一位意大利裔妻子,現在是倫敦最出名的社會女主持人。鮑威爾也是英國政府亞洲特別工作組主席。鮑威爾還有一個弟弟曾經擔任過英國前首相布萊爾(Tony Blair)的幕僚長。

自從離開行政部門,鮑威爾與多名中國政商領袖發展了牢固聯系。二零一一年七月,海伍德當時就在重慶,時任重慶市委書記薄熙來正發起「唱讀講傳」活動。其中受邀出席相關活動的嘉賓中就包括鮑威爾。據重慶市政府二零一一年六月二十五日公布的消息,鮑威爾以英國政府亞洲特別工作組主席的身份受到薄熙來接見,兩人就推動英國和重慶的合作進行了交流。

鮑威爾當時提到,重慶是一座充滿生機和活力的城市,多年來經濟持續快速增長,各項社會事業全面協調發展。重慶市民還唱紅歌、讀經典、講故事、傳箴言,傳承民族文化,增強了自豪感,提振了精氣神。鮑威爾當時還表示,很想學習幾首紅歌,感受唱紅歌帶來的激情。

薄熙來當時回應稱,英國與重慶淵源深厚,「二戰」時期並肩作戰,留下很多感人的故事。我們開展的「唱讀講傳」活動，不僅唱抗戰歌曲，誦讀李白、杜甫等中國大詩人的名篇，還鼓勵年輕人學習世界曆史文化，包括莎士比亞等英國大文豪的著作，瓦特等大發明家的故事。希望雙方進一步加強交流，促進合作。

在薄熙來倒台之後，鮑威爾則有意淡化與薄熙來的關系。他表示，自己同薄熙來的友誼現在是不確切的，不知道彼此究竟是什麽關系。鮑威爾說：「現在媒體中大量傳言漫天飛，大多數極有可能是毫無價值的消息」。有意思的是，這個鮑威爾曾是一個情報機構董事會成員，而這個情報機構成立於二零零零年，成員主要是美國中情局（CIA）和聯邦調查局（FBI）以及英國軍情五處（MI5）官員。這個背景實際上比已經同情報機構切割了關系的海伍德，更應該引起中國反間諜機構的重視。

第九章

谷開來查賬惹暴怒
薄衙內要挾親生母

哈佛大學的中國衙內

二零一零年，薄瓜瓜在拿到英國牛津大學的本科畢業文憑之後，跨過大西洋，來到美國，進入排名世界第一的最高學府——哈佛大學的肯尼迪行政管理學院，攻讀公共政策碩士項目學習，學費每年九萬美元。

也許是傅瑩大使向薄熙來夫婦事後告狀，導致薄瓜瓜遭到薄熙來的一通嚴厲訓斥，到了美國之後，與他在牛津時期相比，薄瓜瓜明顯低調了很多。據說，他在牛津大學晚會上的不雅照在網絡上公開後，薄熙來曾經暴跳如雷，大罵薄瓜瓜給他惹了麻煩。他並且對谷開來抱怨，都是那個英國破落貴族海伍德把兒子帶壞了。

哈佛大學肯尼迪政治學院

事實上，即使當薄瓜瓜還在哈羅公學就讀時，海伍德也只是當谷開來回國期間，才作為監護人留在英國，周末照顧一下薄瓜瓜的生活。後來在薄瓜瓜入讀牛津大學時，他已經成年，便不再需要監護人照顧。那時，只有谷開來每年都會有一次短期去英國看兒子。而海伍德那時早已經離開英國，返回中國，因為他當時已經迎娶了谷開來為他介紹的大連姑娘王露露，小日子過得正紅火。這方面情況，本書後面會詳細敘述。

薄熙來在暴怒之下，埋怨谷開來過於嬌縱兒子，把那末多錢交在一個孩子手上，他因此要谷開來去盤點薄瓜瓜的開支，限制他的開銷。薄瓜瓜得知父親暴怒，心裏自然害怕，行為上便也收斂了許多，對學業也更加嚴肅了。薄瓜瓜的哈佛同窗說，薄瓜瓜保留了些許英國口音。在課堂上經常談到中國，但是，涉及中國民主問題時，選擇回避。但是這些同學說，就算是已經低調了，薄瓜瓜在哈佛的第一年社交活動依然頻繁，他也曾經舉辦了好幾場晚會。

在哈佛期間，薄瓜瓜住在校園附近的一座七層豪華公寓樓一樓的一個兩居室獨立單元。這家公寓配有公寓管理員、健身房、遊泳池以及屋頂陽台，每月租金高達近三千美元。而當時，如果住在哈佛大學的單身學生宿舍，每個月才不到一千美元。而更多普通百姓出身的學生為了節省開銷，絕大多數都選擇在學校附近的居民住宅中租一個小房間居住，那樣的話，每月的房租才不過幾百美元。這個數字只是薄瓜瓜每月房租的大約十分之一。

除此之外，就在絕大多數學生都搭乘公車代步的情況下，薄瓜瓜不但租住豪華公寓，而且一到美國不久就買下一輛豪華跑車，大張旗鼓駕駛名車出入校園。有人說，薄瓜瓜開的是一部價值近三十萬美元的法拉利跑車。但後來薄瓜瓜曾經發出聲明「辟謠」，聲稱自己開的車並不是法拉利。不過，即使不是法拉利，也應該是近似於法拉利這個檔次的其他名貴跑車。

這類價值在二十幾萬美元的車，不要說車本身的價值令普

薄瓜瓜在哈佛的豪華住宅

通百姓咂舌，僅僅是每月支出的保險費用，就會讓絕大多數人感覺吃不消。

從打薄瓜瓜到了美國之後，身邊就沒有斷過女人，有人看到他曾開著紅色法拉利跑車去接時任美國駐華大使洪博培的女兒參加派對。洪博培的大女兒瑪麗安則證實，她確實曾經搭薄瓜瓜的車去吃過飯，但不能肯定薄瓜瓜當時開的是不是法拉利。這位前美國駐華大使的千金，斷然否認同薄瓜瓜有過任何親密關系。

不過，就在薄瓜瓜進入位於波士頓的哈佛大學之後不久，外界便傳出消息說，薄瓜瓜與當時同在哈佛大學讀書的中共元老陳雲的孫女陳曉丹「好」上了。許多同學見到兩人公開成雙入對出入校園及公共場所，並開著豪華跑車外出兜風。陳曉丹更有近一年的時間與薄瓜瓜公開同居，住在薄瓜瓜的豪華公寓裏。二零一一年，薄瓜瓜與陳曉丹二人在西藏旅行的合影出現在Facebook上。網民們立即對陳曉丹展開「人肉搜索」，結果很快就查明，她是中共元老陳雲的孫女、現任中國國家開發銀行行長陳元的女兒。

但這段被中國網民稱為紅色家族聯姻的戀情卻並沒有持續太久，到二零一一年底時，陳曉丹向朋友證實，已經同薄瓜瓜分手。陳曉丹沒有說明分手的原因。但是，她的女友說，薄瓜瓜太「花」恐怕任何一個女人都難以忍受。也就是說，薄瓜瓜在與陳曉丹同居的同時，也仍然沒有停止在外面沾花惹草，結果引起陳曉丹的不滿，最後導致兩人分手。薄瓜瓜在遺傳基因方面繼承了父親吸引女人的特長，而且在招惹女人方面也同乃父如出一轍。

薄瓜瓜與陳曉丹在西藏旅遊的照片引起中國留學生與國內網民的熱議後，薄瓜瓜終於領教了社交網絡的傳播威力。目

薄瓜瓜與陳曉丹在西藏旅遊

前，他的Facebook主頁上只保留了十幾張照片，其中一張照片裡，薄瓜瓜手持相機，給一對看上去像是中國農村的老人回放照片；另一張則是他與幾個黑人兒童在一起。很明顯，他已經注意通過Facebook，來重塑自己的公眾形象。

在國外讀書期間，薄瓜瓜致力於融入當地主流社會，他的一些同學對他的評價是「慷慨大方」，除了居住在近三千美元月租的豪華公寓，還可以輕易分辨出紅酒的牌子。組織各種主題的晚會，為尋歡作樂尋找好聽的名目，這些類似的名目包括：探究中國茶文化、中國酒文化的內涵等等。

二零一零秋：谷開來生命的里程碑

二零零九年，《鳳凰衛視》主持人魯豫在奉命對薄瓜瓜作專訪時，薄瓜瓜向她大秀自己孝順，並且大贊父母對自己的疼愛。魯豫當時曾經問過薄瓜瓜：如果你媽媽掉進海裏了，你爸爸也掉進海裏，你救誰？薄瓜瓜說：那我也跳進海裏，我要和爸爸媽媽在一塊兒。

這場明顯作秀的專訪播出之後，曾經蒙騙了不少善良的人。許多人特地在薄瓜瓜的Facebook網頁上留言，贊揚他作為紅色後代擁有中國人的傳統美德。但其實，連薄瓜瓜的父母也並不相信兒子的鬼話。就在這次專訪播出之後不到一年的二零一零年秋天，谷開來啓程前往美國看望兒子。這是自從薄瓜瓜入讀哈佛大學之後，谷開來首次赴美。

谷開來這次赴美，有一項重要使命，那就是受丈夫薄熙來的委托，要查一查兒子的支出賬目，看看兒子這幾年在海外的開銷狀況。按照薄熙來的原話，不能讓兒子隨意揮霍，他手裏有了錢便隨意張揚，到處給自己找麻煩。因為兒子在海外的每一次揮霍，都會讓人聯想到薄熙來在國內的貪腐，因為如果不是有大量的非法所得，僅憑他每個月一萬元左右的工資收入，以及古開來律師事務所的盈利，根本不可能應付兒子的巨大開銷。

因此，薄熙來告訴谷開來，如果必要的話，要對薄瓜瓜實行支出限制。可以委托一家會計師行，代管薄瓜瓜在美國的支出，每月只給他撥出一定數額的零用錢，從而迫使他改變目前花天酒地的生活方式。

谷開來萬萬沒有想到，就是這次赴美查賬，竟然成為她生活中的一次重大轉折，不但改變了她與海伍德的關系，而且最終改變了自己的一生，使得她從顯赫一時的高官太太一下跌入低谷，成為一名殺人犯，並也因此徹底毀掉了丈夫薄熙來的仕途前程，並且在中國政壇上掀起了自從六四天安門事件以來，最大的一場政治風波。其涉及範圍遠遠超出了一樁普通的凶殺案件，而是上升為中共高層的一場激烈權利鬥爭、路線鬥爭，並且徹底改變了中共十八大的人事格局。

查賬引出軒然大波

二零一零年十月初，谷開來飛抵美國東部最美麗的城市波士頓。她以前曾經多次到訪過美國，但是從來沒有到過大西洋沿岸的波士頓。兒子薄瓜瓜到機場接到她之後，便立即帶她遊覽了哈佛大學的校園風光。谷開來曾經讀過哈佛大學的介紹，也知道哈佛校園的漂亮。但是一旦身臨其境，她還是被哈佛的典雅而又優美的環境所震撼。

接下來的幾天，薄瓜瓜拉著母親遊遍了波士頓及其周邊的漂亮景點，讓她充分領略了完全不同於大都市紐約的另外一種美國風格。谷開來大開眼界後，心情不錯。但是，她沒有忘記自己這次來美國的主要使命，所以她向薄瓜瓜要來他的銀行賬戶過去幾年的收支記錄。這時候，薄瓜瓜抵達美國才不過幾個月，因此這個記錄上的大部分支出，還是薄瓜瓜在英國的開銷。

不看不知道，一看嚇一跳。谷開來發現，只是短短的幾年間，她撥在兒子賬戶內的款項竟然減少了幾億美元。仔細看去，除了幾筆給牛津大學和哈佛大學的捐款屬於可以說得過去的支出之外，其他絕大部分款項，一小部分明顯可見是用於交學費、付房租等等，而其他則都被薄瓜瓜今天三萬明天兩萬地花掉了。

谷開來指著他最近在波士頓的一筆九萬多美元的開銷問他，這筆錢是幹什麼了？薄瓜瓜想了想，說那是十幾天前的一次晚會賬單。他和一批要好的同學在一個五星級酒店搞了一次酒會，那裏的場租一萬上就是兩萬多元，再加上水酒和晚餐，還有為幾位喝醉了的同學開的酒店房間，加在一起就是不到十萬元。

谷開來一聽，立即勃然大怒，她拍著桌子把兒子狠狠地罵了一通。罵著罵著便說到了這些錢是如何「來之不易」。用她的話說，就是你爹媽「冒著殺頭的危險弄了這些錢，本來是要給自己留條後路，也為你將來打算的。不想讓你這個兔崽子就這樣揮霍了！」當下，谷開來宣布，從即日起限制薄瓜瓜的支出，每月除了房租之外只給他一定數額的夥食費和零用錢。谷開來並且表示，明天就去找自己熟悉的律師辦理托管手續，由當地律師代為管理薄瓜瓜的銀行賬戶。

當谷開來拍著桌子大罵時，薄瓜瓜應該已經預料到會有這一幕，所以他沒有出聲，任由母親去罵。因為她了解母親的性格，知道她拿自己也沒有辦法。他本來認為，母親罵累了，事情也就算是過去了。但是沒想到，母親竟然提出要限制自己的支出，甚至還要委托律師代管自己的賬戶。這下子薄瓜瓜可忍不住了。因為，他知道沒有了財政大權，就沒有了他目前花天酒地的生活方式，沒有了每天環繞在身邊的一個個不同類型的女人。這是他絕對不能答應的。於是，他開始反擊。

薄瓜瓜對母親谷開來表示，花點錢算什麼，錢賺來就是為了花的。他說，今天花這些錢，就是為了今後賺更多的錢。他自己以後一定會超過父母，賺到驚人的財富。薄瓜瓜說這些話時，谷開來還只是作一般的反駁，但是接下來，兒子的話卻讓她驚呆在那裏。

薄瓜瓜表示，錢擺在那裏，即使我不去花，最後也都進了海伍德那小子的腰包。你別以為你和海伍德的事我不知道，你在他身上花了多少錢我最清楚，我只不過不願意說出來罷了。如果你不給我錢花，把我逼急了，我就去告訴爸爸你們之間的

人前打造恩愛夫妻的形象的薄氏夫婦

破事！不讓我過舒服了，你們也別想舒服！

谷開來半晌說不出話來。到目前為止，盡管薄熙來身邊一直沒有斷過女人圍繞，她自己身邊又有海伍德長期相伴，但是他們兩人有一個默契，那就是要在人前打造恩愛夫妻的形象，這是處於薄熙來的仕途前程這樣一個大前提考慮的。所以，這麼多年來，兩人在這個問題上一直是心照不宣。谷開來相信，薄熙來應該早就猜到了她同海伍德的奸情，但是卻一直沒有捅破，是要給彼此留著面子，留有余地。同時也是為了堵住谷開來的嘴，使得她不去追究他的那些爛事。

但是，如果是兒子出面去挑明這件事，那就等於是逼迫薄熙來必須作出表態，必須給兒子一個說得過去的交代。那麼輕則是趕走海伍德，重則可能會危及自己的夫人地位。要知道，一直虎視眈眈隨時准備取代她地位的大有人在。況且，薄熙來正是處在蒸蒸日上之際。他的「唱紅打黑」叫響了全國，讓中央高層幾位決策者也不得不刮目相看，他自己要在十八大上爭取更上層樓的努力看來已經十拿九穩。而且，谷開來知道，薄熙來的目標還不僅僅是作一名普通的常委，他曾經想過要取代習近平成為總書記接班人，如今又在爭取擠掉李克強，成為總理溫家寶的接班人。試想，成為中國的總理夫人將會是何等風光！谷開來絕對不想在這個時候放棄自己的夫人地位。

想來想去，她只能設法穩住兒子，不能讓他到薄熙來那裏去捅婁子。

於是，她放緩了口氣，說了自己這些年的難處，說了薄熙來是個工作狂，整天不著家，甩下她一個人冷冷清清。接著，她說到海伍德的好處，說到他忠實地為薄家作了很多貢獻，包括為薄瓜瓜聯系學校，從哈羅公學到牛津大學，再到哈佛大學，其中都有海伍德奔波遊說的功勞。谷開來作這些訴說時，始終把握著一個原則，就是不說一句薄熙來的壞話，讓兒子深深感覺到，自己一直是而且現在也仍然是愛著他的爸爸的。她知道，這對於說服兒子不對薄熙來挑明與海伍德的關系及其重要。

谷開來還對薄瓜瓜說，就是因為要維護好同薄熙來的關系，她才對海伍德的婚姻作了安排，早就為海伍德介紹了一位名叫王露露的大連女友。海伍德和王露露早已結婚多年，雙方關系良好，已經有了兩個孩子。而自從海伍德結婚以後，她和海伍德就只是朋友加商業夥伴的關系了。

薄瓜瓜果然被母親的深情敘述打動了。他表示，自己不過是說了些氣話。他會維護自己父母的聲譽，維護爸爸的聲譽，不會去向爸爸講述海伍德的事。他還說，他夏天回國時已經首次見到過王露露，那位阿姨和海伍德一道請他在北京吃過飯。當時，谷開來正在新加坡出差，所以並不知道他們這次會面。

海伍德和王露露

谷開來這時才得知，薄瓜瓜已經同王露露見過面。但是，在她從新加坡返回國內後，王露露和海伍德都沒有對她提起過這件事。不知為什麼，谷開來突然有一種感覺。她意識到薄瓜瓜今天對她發出的威脅，似乎背後同王露露有關。這個女人為了獨自占有海伍德，希望用一切手段把谷開來從海伍德的生活中擠出去。薄瓜瓜很可能是受到王露露的暗示性挑撥，所以才會有這樣的威脅。就從這一刻起，谷開來開始後悔，不該把王露露介紹給海伍德。她當時產生了一個念頭：必須拆散這對夫妻。

結果，那天谷開來與兒子的攤牌不了了之。最後，兒子答應盡量少花錢；谷開來也答應不對他的開支作硬性限制。

那天晚上，薄瓜瓜打電話約來一個也在哈佛大學讀書的中國女孩。他向母親谷開來介紹說，這女孩叫陳曉丹，是陳雲的孫女，陳元的女兒。谷開來一聽，立即心花怒放，先是大贊兒子有眼光，又大大誇獎了一番陳曉丹的美麗；隨後，她大方地摘下自己胸前一串二十四K金的純金項鏈，送給陳曉丹作為見面禮。那情形就彷彿陳曉丹已經鐵定無疑是自己的兒媳婦了。一個星期之後，谷開來返回了中國。

衙內聲稱被誣蔑

薄瓜瓜在哈佛大學期間的奢華生活在薄熙來倒台後，被媒體廣泛曝光，有媒體甚至拍到他豪華公寓的客廳椅子上扔著一雙女人的絲襪。說明即使到了父母遭遇厄運、生死不保之際，這位衙內仍然花天酒地，不忘與女人鬼混。

不過，對於外界有關他的生活如何腐化的種種說法，薄瓜瓜本人就於二零一二年四月二十四日，通過哈佛大學校報《哈佛紅》發表聲明，否認外界的種種傳言，並極力美化自己的形象。

薄瓜瓜在聲明中說，最近他的私生活受到媒體的廣泛關

薄瓜瓜和外婆

注，認為自己有責任向公衆澄清一些「事實」。薄瓜瓜的聲明對家裏遭遇的事情表示關注，並試圖反駁有關他在海外學習期間生活奢靡的一些傳言。

薄瓜瓜的聲明發表在哈佛大學校報網站上。該報負責人塞缪爾斯對媒體證實，校報記者與薄瓜瓜通了電話，證實薄瓜瓜通過哈佛大學電子郵件發出的有關聲明是他本人的。薄瓜瓜表示，不會對父母雙雙接受調查一事發表評論。當時，薄瓜瓜的母親谷開來因涉嫌謀殺英國商人海伍德已被逮捕調查。

薄瓜瓜的聲明說：「我對我的家庭近期所發生的事件非常關注，但是不會對正在進行的調查發表評論。」薄瓜瓜說，他在哈羅公學、牛津大學以及哈佛大學就讀所花費的學費及一切生活支出均來自於獎學金以及他母親多年來從事律師工作和寫作所得的積蓄。

他說自己在求學期間的成績優異，在英國中學畢業考試中拿到十一門優秀。在牛津大學學習政治、哲學和經濟專業，畢業時拿到二級一等榮譽學位，並在哲學學科拿到一級一等榮譽，而沒有像傳聞中所說的「被學校勸退」。他更否認曾開著豪華法拉利跑車到處張揚，聲稱「未開過法拉利」，也從未到訪過美國駐中國大使官邸。這點聲明顯然是針對日前媒體關於他曾駕駛紅色法拉利前往前美國駐北京大使洪博培的官邸，與洪博培女兒約會的報道做出的。

他說自己在牛津大學求學時確實參加過一些社交活動，包括主題派對等。但這些活動「在牛津是很平常的社交生活，大部分學生都參加過」。他還提到自己參加的一些課外活動，稱對自己成為第一個被選為牛津學聯常委的來自中國大陸的學生而感到自豪。

薄瓜瓜在聲明中沒有提到海伍德。他在聲明中說，自己從

薄瓜瓜的豪華跑車

沒有在中國或海外參與任何商業公司的活動。但他表示,自己有份參與創辦一個在中國的非盈利社交網站。

在聲明最後,薄瓜瓜對哈佛肯尼迪學院、他的老師、朋友和同學在「這個困難的時刻」給予他的支持表示感謝,並要求媒體不要騷擾他身邊人的生活。

中國納稅人要求薄家還錢

不過,就在薄瓜瓜的聲明發出之後,哈佛大學校報網站點擊率大升,一個多小時後即發生網絡塞爆、網友無法上網的情況。但隨後跟貼都以負面批評為多。最多人按「贊」的電郵,是要求薄瓜瓜「告訴我們你得到哪些獎學金，拿出成績證明。如果真的沒有開法拉利，或與美國大使女兒約會，立刻對華爾街日報提告」。

還有一封跟帖感歎美國名校犧牲成績、換取影響力的做法，讓許多優秀學生被摒棄於錄取名單外的悲哀，獲得許多網友按「贊」認同；這封跟帖還問道：「如果薄瓜瓜的學費證實是髒錢，哈佛是否應該退還？」衆多網友質疑薄瓜瓜有關獎學金、成績優異的說法，「拿出證據才有說服力」、「如果錢來自父母的生意往來對象，那也叫獎學金嗎？」

雖然薄瓜瓜極力澄清沒有參與任何商業活動。但英國《衛報》四月二十五日透露，一家花費近七十萬人民幣從美國購得的網站注冊人，信息為薄瓜瓜。而在這一網站的同一注冊地址被注冊為「瓜瓜科技有限公司」。這個公司是由薄瓜瓜的姑姑谷望甯資助，起始資金達兩百多萬人民幣，注冊地點是北京。路透社報道說，薄瓜瓜此前在牛津大學目錄注冊時，曾經登記自己是「瓜瓜科技有限公司」的創始人。

因此，許多人在薄瓜瓜的聲明後面跟帖，直斥他「說謊！」、「一派胡言」、「中國納稅人要求薄家還錢！」

當初，薄熙來剛剛被撤職之後，美國媒體便開始密切關注在哈佛大學就讀的薄瓜瓜的動向。起初曾經傳出消息說，薄瓜瓜已經向美國當局提出政治庇護請求，並且已經為奧巴馬政府接納。因為當初王立軍在美國駐成都領事館申請政治庇護，結果遭到拒絕一事，引起了美國國會對奧巴馬政府的指責，認為白宮和美國國務院的不當處置，使得美國錯過了獲得中國高層最高機密的機會。所以如今，薄瓜瓜一提出庇護申請，便立即獲得接納。隨後便有報道說，看到美國聯邦執法人員到薄瓜瓜的豪華公寓把他接走，保護起來。接著又有報道說，一個漂亮女人後來把薄瓜瓜的豪華保時捷跑車開走。

但是，美國國務院發言人隨後出面否認有關薄瓜瓜提出難民申請的說法。接著，哈佛大學也出面證實，薄瓜瓜仍然還在該校讀書。這時，一些人開始對薄瓜瓜的「遭遇」表示同情。

但是，在薄瓜瓜的聲明發出後，一些曾經對他表示過同情的人士認為，薄瓜瓜與他的父親薄熙來一樣，犯了太過於張揚的錯誤。如果他此時一直保持沈沒，反而可能會博得更多的同情。因為他畢竟年幼無知，才只有二十四歲。父母突然遭此大劫，他作為一個無辜的孩子可能會面臨巨大壓力。所以曾經有許多人表示，不應該把薄瓜瓜牽扯進來。但是，他一發出這份此地無銀三百兩的聲明，就把外界原本對他持有的一絲同情心也一道抹去了。

第十章

履承諾勉強薦女友

谷女王病態命離婚

谷開來心腹王露露

谷開來一九九五年初邀請海伍德來大連時，曾經向他允諾，會為他介紹一位大連女友，但是真正履行這一承諾，卻是在四年以後，也就是一九九九年。

之所以推遲為海伍德介紹女友，主要有三個原因，其中兩個是客觀上的原因。因為在海伍德到了大連之後不久，就向薄熙來夫婦建議把薄瓜瓜送到新加坡去學英文，而這個建議當即被接受。所以，谷開來在接下來的一段時間裏一直忙於為赴新加坡作準備。他們正式成行前往新加坡是在一九九六年，在新加坡停留時間為七個月。在這期間，谷開來基本上是全職陪伴兒子，而海伍德則是新加坡大連來回跑。谷開來沒有為海伍德介紹大連女友的條件。

從新加坡回到大連之後，谷開來發現海伍德背著自己在外

王露露

面悄悄沾花惹草，也交往過幾個女人，她曾經大為吃醋，一度賭氣不打算再為他介紹女友。不過，自己冷靜下來之後，認為還是需要讓海伍德有個正牌女友，才能掩人耳目。於是她也曾經為海伍德認真物色過，但卻一直沒有找到合適的人選。按說，大連是盛產美女的地方，海伍德又是一表人材，瀟灑風流，找到女友應該並不太難。但谷開來的要求過於獨特，所以一時沒有發現合適的人選。

其實，谷開來為海伍德選女人的最重要標准，就是要能夠聽從自己擺布。谷開來看過海伍德自己交往的女人照片，她們個個高挑漂亮，但是谷開來對於這些女人未來是不是肯「聽話」則完全沒有把握。按照谷開來的設想，海伍德有了正式女友甚至正式結婚之後，仍然要暗中和自己保持「通奸」的關系，時間久了，難免會被他的女人發覺。而她現在要找的就是在發覺自己與海伍德的特殊關系之後，仍然還能保持沈默的女人。換句話說，這個女人要能夠接受與她「共享」海伍德，而且還要不對外聲張。這樣的女人當然難找。

從主觀方面來講，谷開來當然不願意把自己看上的男人推給另外一個女人，盡管她知道自己不得不這麼做，但她做起來也不是那末積極主動，而是不斷給自己找借口，能推就推，能拖一天是一天。

終於，她發現了一個人選。這個女人名叫王露露，生於一九七零年，比海伍德小一歲，是大連外語學院英語專業畢業生。畢業後曾經在大連市的幾個涉外機構工作過。谷開來認識她時，她是在司法局涉外法律處作翻譯。

當時，谷開來為自己律師事務所承攬的一項涉外商業業務，到司法局去辦一項手續，剛好是王露露接待她。這王露露生得清秀幹淨，身材苗條，一頭烏黑長發披在肩上，笑起來特別安靜。當時，她首次見到谷開來就對谷開來特別尊敬與崇拜。她當然知道谷開來市長夫人的身份，所以她開始是陪著十二分小心為谷開來服務，非常利落地幫她辦好一應手續。但是在接觸中她發現谷開來彬彬有禮，對她這個小辦事員十分親切，絲毫沒有任何居高臨下的官太太習氣。況且，容貌端莊秀麗的谷開來舉手投足間都帶有的那種優雅，更加讓她著迷。而在交談中，她更加發現谷開來對於相關國際法律相當熟悉，對國際事務、國家間關系的見解獨特，這更讓她佩服得五體投地。

那天兩人分手時，由於兩人都覺得很投脾氣，便互相交換了電話。當時，谷開來並沒有立即就想到把王露露介紹給海伍德，她只是對這個姑娘的第一印象還不錯。後來，由於業務方面的關系，兩人又曾經幾次見面。當時，谷開來正在全力擴張自己事務所在全球各地的業務，需要象王露露這樣的外語人材。所以，她曾經問起過王露露是否願意到自己的律師事務所工作。沒想到，王露露似乎是求之不得地立即就答應了，以至於她根本就沒有問過報酬待遇如何。這讓谷開來對這個姑娘又多了一層滿意。

就這樣，王露露大約在一九九七年底就成為谷開來律師事務所的雇員了。對於根本沒有提起報酬問題的王露露，谷開來反而特別破例給了她較高的薪水。這讓王露露更加喜出望外，對谷開來充滿了感激。因為她的收入水平比起以前在做公

谷開來號稱是頭號美女律師

務員時幾乎是翻了兩番。而且，她發現，自從成為谷開來手下的雇員之後，她在大連似乎受到格外的尊重。以往作機關小辦事員時，似乎沒有人重視她。外出辦理各項公務，那些部門總是冷若冰霜，愛搭不理；但是如今走到哪裏，那些官員一聽是「開來律師事務所」的人都格外熱情，甚至可以說是殷勤。這讓她有了一種滿足感。

因此，王露露在事務所裏工作便也格外認真、格外用心，再加上她有一個最大特點就是不愛講話，更從不作那些「包打聽」的事。一段時間下來，谷開來已經把她視為心腹，許多關鍵的業務都交給她來處理，包括以往都是自己親自動手的活，現在也交給王露露去作。不知從哪天開始，王露露不再稱呼谷開來「谷總」，而改稱「開來姐」了。而谷開來則一直親切地稱她「露露」。

露露的戀情經曆

王露露曾經有過一段戀愛經曆，對方是她的大學同學。畢業後，那人跑到北京去發展，兩人的關系便一直若即若離。直到王露露進入「開來律師事務所」時，這段關系還一直維持著。有時候，那人從北京回來，也會到事務所來接王露露出去吃飯。谷開來沒有見過那人，但是知道王露露有一位男朋友。

海伍德作為谷開來的高級雇員，也不時在律師事務所出現，並且同王露露也見過面。但是，由於海伍德並不在辦公室內坐班，而且又時常滿世界為谷開來跑業務，所以王露露好象並沒有同他講過什麼話。但是，她知道這個英國人是谷開來和薄熙來家的高級財務顧問，與谷開來關系非同一般。所以，內心中從來沒有打過他的主意。再加上她天生沈靜，不太愛說話，所以也沒有象事務所的某些女雇員那樣，樂於抓住機會同海伍德聊幾句。

這一天，王露露下班回家，走出辦公室後，發現谷開來坐在外面的汽車裏一個人發呆。她不想打擾谷開來，便點了一下頭打算離開，但谷開來卻搖下車窗叫住她。王露露只得回身走近谷開來。谷開來叫她上車，卻又半晌沒有說話。王露露問她出了什麼事，她這才轉過頭來問王露露，明天能不能幫自己去沈陽辦件私事。王露露點頭說沒問題，接著問她是什麼事。

谷開來這才說道，是由於你嘴很牢靠，所以才讓你去辦這件事。說著，她從包裹拿出一張拿出一張女人的照片遞給王露露。照片上那女人很漂亮，也很眼熟，但是王露露卻想不起在哪裏見過她。谷開來告訴她，這個女人叫王端端，是沈陽電視台主持人，她最近時常和薄市長糾纏在一起。我起草一封律師信，你不要聲張，務必當面交給她，我要她自己知趣，離薄市長遠一點。

接著，谷開來把搞到的王端端手機號交給王露露，囑咐她先打電話約王出來，最好不要在沈陽電視台附近，以免讓她的熟人見到。王露露答應了。第二天，她乘早上的班機飛到沈陽，順利找到了王端端，將信交給她。王端端看過信之後，表現得很平靜，問她是薄熙來的什麼人。王露露告訴她，自己只是律師事務所的一名普通辦事員，但是起草這封信的律師，則是薄熙來的夫人。王端端聽到後，請她轉告薄夫人，自己知道該怎麼做。

後來，那位王端端離開沈陽，調到中央電視台，並且曾經

沈陽電視台主持人王端端

「火」過一段時間。只是，外界再也沒有傳出她和薄熙來的故事。

王露露回到大連向谷開來複命後，谷開來很滿意，一定要請她吃飯。吃飯時，也幾乎全是由谷開來一個人在說話。說的內容大致是盡管外界看起來，自己一個好老公，有個幸福家庭，但實際上，其中的滋味只有自己知道。她甚至說，給一個工作狂一樣的領導人當太太，有時候就象是守活寡。同時，還要防著他所接觸的一個個女人。既不能讓他們鬧出滿城風雨的绯聞、影響領導形象，又要防止有人「謀權篡位」，取代自己的夫人地位。

谷開來說話時，王露露從不插嘴，也從不追問什麽。只是默默聽著，就在那一刻，谷開來突然想到了海伍德：如果把這樣一位不多話而且又聽話的王露露介紹給海伍德，也許是個不錯的主意。

正式引薦海伍德

谷開來拿定主意後，首先征求了海伍德意見。海伍德對事務所裏那個不言不語的文静姑娘印象很深。所以谷開來一提起，他便立即表示同意。

對王露露提起與海伍德交朋友，也同樣出人意料地簡單。渴望結婚的王露露早就已經對前男友若即若離的關系厭倦了。再加上她一直暗中欣賞海伍德的英俊帥氣，所以盡管她也曾聽到過關於海伍德與谷開來之間的私情，但如今既然是谷開來本人親自做媒，她當然沒有任何理由說不了。

谷開來大喜過望。她告訴王露露，海伍德與薄家關系密切，幾乎就象是一家人，你同他好了以後，我們也就是一家人了，你以後的生活也就算是有著落了。雖然王露露對於「就象一家人」這個說法心裏有些不是滋味，但既然是市長夫婦擡舉，她倒是也樂於接受。

幾天以後，谷開來設家宴慶祝海伍德、王露露定情，薄熙來也在場風趣地表示祝賀。他知道，這樣一個結局無論對於自己還是對於谷開來來講，都是令人滿意的。所以那天他格外高興，並且破例拉著一向不大愛喝酒的海伍德一道喝了兩杯茅台。

那次，王露露是首次走進市長家門，門口的森嚴戒備曾經提醒她，這是一個不同尋常的家庭。但是，在首次與薄熙來近距離接觸時，她反而感到自己的擔憂是多余的。因為眼前這位高大瀟灑的市長，幽默風趣，平易近人，完全沒有任何官架子。讓她感覺十分親切。她甚至有些懷疑谷開來對她發出的那些關於薄熙來的牢騷可能並非薄熙來的問題，而是谷開來本人過於敏感了。

普通百姓家庭出身的王露露，首次走進權貴家庭，她的第一印象是羡慕與向往。從那天起，她便從心裏把自己算作是谷開來的「死黨」。同時，也成為薄熙來的一個忠實崇拜者。

在此之前，她已經同海伍德交往了幾次，感覺很好。所以，在第三次約會時，海伍德拉著她上床，她稍微猶豫了一下便答應了。那不是她的第一次，但卻是感覺最好的一次。

王露露答應分享海伍德

一九九九年底，就在海伍德陪同谷開來、薄瓜瓜母子遠赴英國求學之前，海伍德與王露露正式舉行了婚禮。蜜月之後，海伍德便把王露露留在大連，自己陪著谷開來母子赴英國求學去了。在後來的幾年中，海伍德基本上是在中英兩國間來回跑，相比之下，在中國的時間更多一些。

二零零零年春，當谷開來與薄瓜瓜在英國基本上安置下來之後，海伍德便返回中國與新婚妻子團聚。這時，他忽然有一種輕松感，妻子王露露也有同樣的感覺。夫婦二人都知道，這種輕松是來自於谷開來不在身邊。

就在他們倆結婚前，谷開來曾經同王露露有一次密談，那次密談名義上是安排兩人的婚禮，實際上谷開來比較委婉地向王露露暗示了她同海伍德的親密關系，並且告訴她，不久之後，海伍德將隨她們母女二人一道去英國，也許幾個月之後才能回來。谷開來明確告訴她，如果她能夠接受這種局面，她會很高興，而且絕不會虧待她，並且會在適當的時候放他回來，夫妻團

谷開來與薄瓜瓜

聚。

王露露其實早就有這方面的心理准備，在她決定同海伍德交往時，便已經知道他同薄家的關系，特別是同谷開來的關系。她當時曾經問過自己，是否可以接受這種局面？起初時，她也曾經想過退出，不去趟這趟渾水。但是，谷開來給她的物質條件太好了，如果不是谷開來，她是自己一輩子也掙不來的。而且，海伍德的吸引力也太大了。尤其是與他獨處的時候，他表現出來的那份柔情，那份真摯，讓她相信他是真正愛自己的，而對於其他人，包括對谷開來，都只不過是逢場作戲。因此，她決定接受這種局面，與谷開來「分享」海伍德。

海伍德厭倦谷開來

越是感覺沒有谷開來時的輕松，便越是意識到谷開來給自己生活帶來的壓力。海伍德在與王露露的獨處中，感受到了一種從未有過的恬靜與安謐。這個女人沒有谷開來那樣的見識和廣闊視野，也沒有攀登事業頂峰的勃勃野心，更沒有谷開來的那種滔滔不絕的宏論。但是，她有一種知足常樂的心態，有一種不與人爭的處世態度，有一種居家安心過小日子的人生哲學。

海伍德開始對谷開來的專橫跋扈產生了一種厭倦。但是，在中國這些年，他已經逐步了解了這個社會的運作，清楚了象薄熙來、谷開來這類人在中國社會的能量。他知道，如果離開薄家這個靠山，他在中國很可能會寸步難行。而且，這些年來，通過薄家的關系他自己確實賺到不少錢。別的不說，僅幫助薄家向海外轉移資產這一項，他就已經拿到了上百萬。而且，隨著薄熙來的地位越來越高，谷開來的生意也越來越大，未來他們需要向海外轉移的資產也將會越來越多。盡管薄熙來、谷開來夫婦從來沒有向他透露過這些以億計算的資產的來曆，但海伍德知道這些錢財都是不能公開的。

也正因為海伍德介入了薄家的核心機密，因此才被薄家視為是家庭小圈子的核心成員，才能夠在為薄家出力的同時，也肥了自己的腰包。按照英國人的價值觀念，海伍德很清楚薄熙來、谷開來夫婦的作法是百分之百的犯罪。但是，這卻是時下中國的社會風氣。按照谷開來的說法，每個高官都有自己掙錢的門路，每人門路不同，但是大同小異。因此，海伍德並不想假清高，他也需要錢。所以，他必須要在薄家周圍周旋，必須應付已經讓他有些厭煩的谷開來女王。

但同時，他也開始在為自己留後路，准備著有一天可以拋開薄家，自己單幹。所以，他與朋友克裏斯多夫・伯丁頓（Christopher Boddington）在大連開了一家名為海伍德與伯丁頓聯合公司（Heywood Boddington Associates）的顧問咨詢公司，以幫助外國公司進入與調研中國市場。二零零零年，在陪同谷開來母子在英國就學期間，海伍德在英國注冊了一家公司，名為「尼爾・海伍德聯合公司」（Neil Heywood & Associates），主要業務是撰寫有關亞洲市場的分析文章。

拉開距離，安居北京

作為給自己留後路的另外一手，海伍德與王露露商定，離開大連，在北京定居，同薄家人保持一定距離，給自己更多一些自由空間。

所以，他們於二零零一年，以三百多萬元人民幣的價格，在北京東北部順義區的萊蒙湖別墅區購買了一棟住宅。那個綠樹成蔭的豪華別墅區的鄰居們非富則貴，普通人是根本不可能買得起那裏的房子的。

搬入新居的當年，兩人的第一個孩子降生了。那是個女孩，取名為奧利維亞(Olivia)；四年以後，二零零五年，第二個孩子又降生了。這次是個男孩，取名叫彼得(Peter)。在第二個孩子滿月時，谷開來應邀到海伍德家喝滿月酒。接著酒勁，谷開來宣布，即日起她要作兩個孩子的教母，並且當場送給兩個孩子一份厚利——每人一付金手鐲。

海伍德希望自己的兩個孩子都接受英國教育，所以後來兩個孩子都被送到英國倫敦著名的達利奇學校(Dulwich College)在北京的分校讀書。這是英國的頂級貴族學校，每年學費高達二萬二千英鎊(約三萬五千美元)。按照英國的法律，這兩個在中國出生的英國人的子女也都屬於英國籍。

自從第一個孩子降生之後，王露露便不再到谷開來的律師事務所上班，而是呆在家裏專心照顧孩子。這期間，當海伍德在英國陪伴薄瓜瓜期間，她便會帶著孩子回到大連居住。守著自己的父母，也有個關照。她的父母並不知道內情，老兩口對女兒的這段涉外婚姻非常滿意，對女兒的老板谷開來更是感激不盡。因為這位出手大方的老板，不但為女兒介紹了這位洋老公，而且送出一套豪華住宅作為女兒的結婚賀禮。女兒搬到北京之後，那套豪華住宅就由老兩口居住。

二零零四年，薄熙來從遼甯省長任內調往北京，出任商務部長。薄家便也舉家遷往北京。海伍德、王露露與薄家拉開距離的企圖也隨之落空。這個期間，海伍德與谷開來見面機會不多，通常是兩人倒班留在英國照顧薄瓜瓜。大約是每兩個月一班，兩人交接班時，在英國可以有幾天相聚的機會，情人關系便也一直斷續保持著。

相比之下，在那段時間內，海伍德與薄熙來在北京接觸的機會反而多了起來。薄熙來在擔任遼甯省長期間，就已經把海伍德視為是自己私人的財務顧問；出任商務部長後，又委任他為商務部的商業顧問，成為公私兼顧的雙重顧問。《華爾街日報》稱，二零零七年時，薄熙來被任命重慶市委書記，海伍德告

海伍德在北京的家

訴一位朋友，是他陪同薄熙來搭機赴重慶上任的。一些商人隨後確實看到海伍德以顧問身份，出現在薄熙來和來訪的外國政府官員的會議上。

更年期內反復無常

二零零六年秋天，隨著薄瓜瓜進入牛津大學讀書，谷開來與海伍德輪流在英國「陪讀」的使命便宣告徹底結束。谷開來得以騰出精力全面拓展自己的業務。

她此時的業務中心仍然還是在大連。但是，薄熙來當時獲得父親薄一波告知，江澤民承諾會履行當初對薄一波的保證，在二零零七年召開的中共十七大上，把薄熙來推進中央政治局。為了避嫌，薄熙來要谷開來立即「關停並轉」所有薄家經營活動，以免給政敵留下口實。因此，谷開來在二零零七年初，便將自己在大連開辦多年的「開來律師事務所」改名為「昂道律師事務所」，以掩人耳目。但實際上，這個事務所仍然還是由她來控制。

如果有關谷開來曾經瞞報年齡的說法屬實，那麼到二零零六年底，她的實際年齡應該是剛滿五十歲。自然規律無法抗拒，就從這一年開始，她開始進入了每個女人都必然要經曆的更年期。這個時期的谷開來，脾氣變得格外古怪，常常毫無來由地對屬下發火，並且還時不時會突然在屋裏大哭起來。她哭的時候，常常會說自己命苦，一輩子替別人忙活，什麼好事都沒有沾上，反而惹得大家都嫌棄她，背叛她。

當時，薄一波還在世，已經九十八歲了。谷開來竟然跑到薄一波跟前大哭大鬧，說是薄熙來對不起他。薄一波老頭自然是莫名其妙，下令兒子立即回家，開會解決問題。薄熙來無奈，只得回家安慰老婆，並且告訴老爸，谷開來是患上了更年期綜合症。薄一波一聽說是病了，就讓自己的醫生給谷開來治病。醫生診斷後認為，谷開來是更年期綜合症引發的輕微抑郁症。但醫生開的藥，也只能是緩解一下症狀，並不能藥到病除。況且，臨近十七大召開，薄熙來卡位格外忙碌，也沒有多少時間來陪伴安慰老婆。

谷開來患有嚴重的更年期綜合癥

因此，谷開來的更年期綜合症情況日趨嚴重。有一天，她鄭重其事地召集了所有下屬，不但包括自己多年的小圈子成員，還包括薄熙來身邊的幾位工作人員。她表示，首長的擔子會越來越重，責任會越來越大，她本人也壓力越來越大，除了照顧首長的生活，還要照顧自己的業務，感到心力憔悴。但是，有人現在出現離心傾向，背叛薄家，背叛我本人，在背後搞了許多小動作，讓我十分傷心。所以，我要求你們一定要忠誠！

聽她訓話的十幾個人被弄得一頭霧水，不知這位為所欲為的「女王」究竟是要幹什麼。海伍德事後曾經同薄熙來說起此事，薄熙來擺擺手說谷開來是犯病了，不要拿她的話當真，也不要同她計較。

但是，海伍德還是有壓力，他感覺谷開來是對著他來的。而且，隨著谷開來更年期來臨，兩人的接觸越來越少，谷開來對他的抱怨與不滿也與日俱增。在薄熙來赴重慶上任後的那幾年裏，谷開來時常要招海伍德到重慶去見面，但每次見面雙方總是鬧得不愉快。後來，海伍德到了重慶便跑去找薄熙來，以躲避谷開來的糾纏。

但這更加引致谷開來的不滿。海伍德也因此變得越來越緊張，他曾經警告一些朋友和業務上有往來的人，不要在電子郵件或電話討論敏感的問題。至於什麼是「敏感」問題，他卻沒有說過。進入二零一零年，他抽煙量開始增加，開始掉頭發和變胖。他告訴友人，他面臨來自薄家「令人無法忍受的壓力」，他計劃下一年離開中國。他就是在這個時候，跑到英國駐北京大使館，希望為太太王露露辦一本英國護照，但是卻遭到拒絕。

海伍德結怨谷開來

二零一零年底，谷開來探望兒子從美國歸來後，立即在北京約見海伍德。她要海伍德當面宣誓效忠她本人。海伍德不敢得罪她便照做了。但是，谷開來接著表示，為了證明他是真心效忠，他要立即同王露露離婚，因為王露露插手離間兒子薄瓜瓜同自己的關系，而且也離間海伍德同自己的關系。

這一回，海伍德實在沒有辦法答應谷開來了。他沒有直接拒絕她，而是反複解釋王露露的為人，說明自己的太太從來沒有作過對不起薄家的事，更不會離間谷開來的母子關系。海伍德還舉出許多例子，試圖說明王露露對谷開來一家的感激之情。

但是，谷開來根本不願意聽海伍德的解釋，她只是明確地要海伍德在王露露和薄家之間選擇一方。她甚至還向海伍德許諾，如果他和王露露離婚，她會為他再找更年輕漂亮的女人。海伍德見谷開來態度堅決，毫無任何商量的余地，便只好應付說，容他回去認真考慮一下。結果，那次見面兩人不歡而散。

海伍德「考慮」的結果就是不同王露露離婚。因為他現在已經越來越喜歡這位沈靜寡言的妻子，不但是因為她為他生了兩名子女，更重要的是，當他面臨谷開來逼迫的緊急情況下，妻子卻一切都在為他著想。王露露勸他千萬不要得罪了谷開來，因為那個女人什麼都可能幹得出來。王露露表示，必要的時候，為了海伍德平安，她可以辦理離婚手續，帶著兩個孩子回大連去。

王露露的態度讓海伍德萬分感動，他打定主意：即使得罪了谷開來，也絕不會同王露露離婚。但是，為了不再刺激谷開來，他有意拖延給谷開來答複，並且曾經打過一個電話給薄熙來，一五一十講了被谷開來下令離婚的事。薄熙來聽說之後，哈哈一笑說這還是谷開來更年期綜合症的表現，讓海伍德不要理會。他並且告訴海伍德，自己從來沒有懷疑過他對薄家的忠誠。

就這樣，海伍德始終沒有就離婚問題給谷開來回話。不知是不是因為薄熙來對谷開來講過什麼，反正谷開來也沒再提起此事。但是，兩人從那時起，便一直沒再見面。海伍德知道，谷開來同他已經從此結怨。

王露露對於丈夫結怨於谷開來一直憂心忡忡，她一面感激丈夫的不離不棄，一面催促丈夫，立即著手安排舉家遷回英國。當時，盡管王露露沒有能夠拿到英國護照，但是以陪伴丈夫和孩子返國的理由，申請到入境英國的簽證還是沒有問題的。海伍德同意妻子的計劃，打算遷居英國避禍。但是，他手頭還有幾件生意業務沒有了結。返回英國也涉及買房子安家的具體問題,所以他計劃立即開始准備,但要在一年之後成行。

但是,他哪裏想到,就在他還沒有成行之前,他卻命喪重慶。

谷開來六四時曾使司機喪命

在與谷開來結怨之後,王露露擔憂海伍德的安全不是沒有原因的。王露露本人跟隨谷開來多年,對她的剛烈強悍性格多有了解,也曾經旁觀過谷開來對於反對者的處置。她毫不懷疑,如果海伍德真的惹惱了谷開來,可能會有性命之虞。

其實,王露露還不知道,早在一九八九年六四事件中,就是因為谷開來的任意妄為,才導致薄一波的司機喪生,從而背負一筆六四血債!

在谷開來涉嫌謀殺海伍德的消息公布後,引起了社會的極大震動,很多人不敢相信谷開來會做這種事情。有人猜測她與警衛員張曉軍是在為薄熙來頂罪,許多人認為一個大家閨秀不至於如此狠毒。但是與谷開來有接觸的圈內人士,則認為谷開來做這種事情並不奇怪,因為谷從小就是男孩子的性格,說一不二,非常彪悍,連薄熙來都要讓著她。

外婆抱著的幼年薄瓜瓜

例如，二零一二年三月九日在全國人大重慶代表團記者會上，薄熙來曾經中途離開去接一個重要電話，這個電話其實就是谷開來打來的。谷開來要薄熙來一定幫她和兒子薄瓜瓜澄清，他們沒有貪汙腐敗，兒子拿的是全額獎學金。當時中央已

六四期間，軍隊肆意開槍

經掌握谷開來涉嫌謀殺、薄家經濟問題的情況下，薄熙來還要遵照谷開來的旨意，在記者會上高調罵別人胡說八道。足以說明谷開來在家裏也同樣驕橫。

對於谷開來的這種性格，圈內朋友印象最深的是在一九八九年六四期間，因為谷開來的強悍無理，讓薄一波的司機無辜喪命。

當時，薄熙來在大連任副市長，谷開來與不到兩歲的薄瓜瓜住在北京。在六月三至四日戒嚴清場的深夜，薄瓜瓜突發高燒，谷開來在家中手足無措，急著要把孩子送往醫院，但家人都認為已經清場，不能出門，就在家裏吃點藥、用物理辦法退燒。可谷開來心疼寶貝兒子，執意要送到醫院打針，沒有辦法，最後薄一波讓自己的司機送兒媳婦和孫子去醫院。

車開出不久，就被戒嚴士兵要求停下，但谷開來心急得像火燒一樣，催促司機不要理會，繼續前行，因為薄一波的車輛是有特殊牌照的。平時這輛車走在街上，交通警都急忙攔住其他車輛，保證這輛車優先通過。但那時候戒嚴部隊都是從外地剛剛調入北京，不可能知道這車是薄一波的，更重要的是清場死命令已經下達，遭遇反抗即可開槍。於是，戒嚴部隊士兵開槍，打死了司機。當時，子彈正好打中頭部，腦漿迸裂，情景嚇人。

這事後來在黨內傳開，讓薄一波都非常尷尬。因為誰都知道，薄一波是支持開槍鎮壓的。為此薄一波非常生氣。他後來曾專門召集家人開會。在會上，薄一波用拐杖敲著地板，對谷開來大叫：為什麼沒把你打死啊！

第十一章

動殺機問計車克明

張曉軍猛下「美人散」

不滿傭金百分之二

二零一零年夏季，是海伍德在中國事業發展的頂峰期。這段時期，他不但成功進入薄熙來、谷開來家的核心小圈子，而且因為這種關系，也成為英國官方發展英中關系的關鍵人物，特別是為英國幾大公司和英國官方打入重慶、並與薄熙來建立私人聯系牽線搭橋。

這個時期，英國駐華使館舉行任何親善活動，都會力邀海伍德出席，因為有他在場，就可能吸引中國官方權威人士到場。英國內閣高官訪華的各類招待會，海伍德更是永遠列在必須邀請的名單之列。在英國前貿易大臣曼德爾森勳爵、英國前副首相普雷斯科特勳爵和前英國首相秘書鮑威爾勳爵訪問重慶時，海伍德都曾和他們一起工作或會晤。熟悉海伍德的人士說，凡是政府活動邀請海伍德以顧問身份參加時，官方自然會按照專家級別，向他支付報酬；如果是英國私營企業邀請海伍德牽線搭橋，他更會得到應當可觀的酬勞。

但是，海伍德收入的最大來源，還並不是在這些「小錢」方面。他的最大宗收入，來自於為薄家向海外轉移資產收取的傭金。轉移的方式是，利用海伍德自己注冊的公司，以各類合法名目接收薄家收取的黑錢，這些錢絕大多數根本不經過與薄家人有關的賬號，以免留下把柄。錢進入海伍德的公司賬戶之後，他再把錢轉移出中國，最終轉入薄家人在海外設立的不同賬戶。

前重慶南岸區委書記夏澤良

每轉一筆，收取一筆傭金。這傭金的比例，按照國際上通行的慣例，在上個世紀九十年代是百分之一，進入二十一世紀後，便上升到百分之一點五，近年來便已經上漲到百分之二。

薄家私下裏轉移到海外的「黑錢」究竟有多少，至今沒有一個確切的數字。但是，有知情者透露，僅谷開來一人托海伍德轉出的「私房錢」就已經高達八十億元人民幣；而薄熙來僅僅賣官受賄這一項收入，就高達近百億元人民幣。例如，薄熙來的「馬仔」重慶南岸區原區委書記夏澤良，為了獲得晉升為副市長，曾經一次就向谷開來送上三千萬元。如果再加上各種商業利益輸送等等，可以判斷薄家包括薄熙來本人和谷開來向海外轉移的資金總數，應該不少於兩百億元人民幣。

如果以平均傭金百分之一點五來計算，海伍德個人從薄家便賺取了起碼三億元人民幣，折合美金為大約五千萬元。因此，他完全有能力在順義買下豪宅，開著捷豹豪華汽車，並且打算自己做大買賣。他曾經在一次英國在華商人的午餐會上，提出幾個商業構想，其中之一，是想把英國的名牌商品專賣店集中在一起，建成一個以英國為主題的購物中心。而他本人希望成為這個建在北京的購物中心的最大股東。

二零一一年春，因為海伍德拒絕離婚而與他關系緊張的谷開來找到海伍德，要他再次轉移一筆數額巨大的資金。正在

薄家轉移到海外的「黑錢」有多少，至今仍是個謎？

為建購物中心籌資的海伍德便提出，把傭金額度提高一個百分點，到百分之三。本來就已經對他不滿的谷開來聞聽後勃然大怒，厲聲斥責他是個貪婪的混蛋、忘恩負義的小人。

海伍德告訴她，如果她認為他太貪婪了，那麼他不需要參與這次資金轉移，並且不會拿一分錢。她完全可以找別人去做這件事。

如果事情到這裏為止，也許最後的結局只能是海伍德被薄家掃地出門，從此不再來往，而海伍德會按照他的原定計劃，在二零一二年舉家搬回英國。但是，他實在無法忍受谷開來用最惡毒、最骯髒的語言對他怒罵。多年以來積壓在內心的對谷開來的不滿一下子完全湧上心頭。他不加考慮地說了一句最終為他惹來殺身之禍的話。他當時威脅說，他可以不再參與轉移資金，但是他可能會曝光這個交易，而且不止這次這筆交易，還會曝光以往的交易。

谷開來聽到海伍德的威脅，表情十分鎮定。她只是淡淡說了一句「請便」，便揚長而去。

海伍德的秘密記錄

谷開來與海伍德公開翻臉後，海伍德便一連半年多沒有薄家的任何消息。這種不正常的沈寂讓海伍德感到了一種從未有過的恐懼。

細算下來，他與谷開來交往已經長達十七年了，他對這個女人可以說是相當熟悉了。除了熟悉她身體的每一個部位，對她的性格秉性、脾氣特點也都是了如指掌。他知道，如果谷開來對他大吵大鬧、哭爹喊娘，那麼情況就還不算糟糕，要想挽回局面只需花些功夫、用些花言巧語，耐心哄哄也許就可以了。但是，她一旦不哭不鬧、不吵不嚷，而且格外冷靜時，情況就十分嚴重了。

海伍德相信，這段時間的沈寂絕不是什麽好事。他料定谷開來正在考慮如何對付他，而他卻完全無法預測將會面臨的是一種什麽樣的懲罰。沈寂的時間越長，海伍德的心理壓力就越大。夜晚，望著熟睡的一雙子女，望著妻子王露露的一腔癡情，他不忍心告訴她自己心裏的恐懼，不忍心讓她一道陪著自己擔憂。所以，他只能自己默默承受這份壓力。

這個時期，他的煙癮又大了許多，原先就已經是每天一包的量了，現在竟然需要一包半，甚至兩包。除了睡覺，幾乎就是每時每刻煙不離手。王露露曾經問過他，怎麽最近總是心事重重，他總是用生意上不順利的借口來搪塞。他不喝酒，但是卻希望找到一種香煙以外的緩解壓力的途徑，結果，他發現拼命吃東西也有這個效果。所以，那段時間，他的飯量大增，三頓不行，便加到四頓，甚至五頓。而且，每頓吃得都不少。結果，他的體重卻不增反減，越來越瘦。

王露露自然發覺丈夫的不對頭，便一再追問究竟。但是，海伍德卻堅守了底線，始終沒有對她說出任何內情。在被問急了的情況下，他只能說一句，有些事還是不知道的好，知道了也許容易惹禍。

確實，與王露露結婚十幾年來，他不但沒有對她說過與谷開來的情人關系，更沒有透露過任何一個字關於薄家各種見不得人的撈錢渠道，也沒有透露過薄家向海外轉移資產的事情。在王露露看來，丈夫獲得的大筆報酬都是來自於合法的商業利益，來自於他為其他公司和個人提供的咨詢服務報酬。

其實，海伍德在第一次接觸谷開來的非法收入、並且為她將錢轉往海外時，曾經有過猶豫。他很清楚，做這種事不但在英國屬於非法，在中國也同樣是非法的，但是谷開來告訴他，這就是中國的現實，每一個權貴家庭都在這樣做，甚至包括中共最高權力核心的幾個人也同樣如此。她說，這是在為自己准備後路，是為了今後的幸福必然會采取的行動。而她的幸福中，自然也包括他海伍德。

海伍德那時完全沈浸在對谷開來的迷戀之中。為了她，他什麽都可以做。但是，他當時還是留了個心眼，對每一筆資產轉移都悄悄做了記錄，那記錄不但包括轉移數額，而且包括來源與去向。當時他並沒有什麽明確的意圖。但是，日久天長，他發現那份記錄太有價值了。那東西最終也許會成為自己的保護傘。在意識到那東西的珍貴之後，他便把它存入了銀行的保險箱。每次去開那保險箱，便會向裏面增加一頁新的內容。

所以，當他對谷開來威脅要曝光她的秘密時，他便立即想到了這些記錄。

他知道的太多了

海伍德估計得不錯，谷開來確實沒有打算輕易放過他。她在盤算著應該如何處置這個「叛徒」，以及如何應付處置後的局面。她希望事情能夠做的人不知，鬼不覺。但是，之所以連續半年多沒有動靜，則完全是出於為了薄熙來的仕途前程考慮。

當時，薄熙來為了在二零一二年秋天召開的中共十八大上爭取到一個最佳位置，已經使出了渾身解數，全力「競選」。他以「唱紅打黑」為招牌、以民粹路線為依賴，已經騙取了重慶百姓的支持，並且在全國造成了一定影響。那時，薄熙來張口閉口就是「打造社會公正」，儼然就是重慶民衆眼裏的「薄青天」，是毛澤東再世。他更獲得了毛澤東殘余勢力和社會上各種左派的全力追捧，已經成為中國社會的一面旗幟。

按照薄熙來私下裏對她透露的說法，他的最低目標是，取代周永康出任中央政法委書記，中級目標是取代李長春掌管中國的意識形態，而最高目標則是接替溫家寶出任總理。薄熙來認為，他的競爭對手主要還不是外界猜測的汪洋，而是國務院的兩位現任副總理李克強和王岐山，這兩人才是他晉升的真正威脅。

薄熙來以「唱紅打黑」為招牌

薄熙來向谷開來交底說，他的近期目標是，逼迫胡錦濤年內到重慶視察，因為作為一把手的胡錦濤出現在重慶，便是他「卡位」的最大成功。因為那將意味著胡錦濤對他的肯定與贊賞。他自己的消息來源告訴他，胡錦濤很有可能會在二零一一年底前後赴重慶，有關的行程正在籌劃中。

所以，薄熙來交待谷開來，這段時間一定要「消停」一些，不但不能有任何「舉動」，而且還要把屁股擦得幹淨一些，把周周圍圍安頓得妥帖一些。就是因為如此，所以谷開來盡管在內心激烈盤算，但是卻沒有采取任何行動。

谷開來曾經想過把海伍德打法回英國的計劃，這是比較簡單的作法，也不用作任何「善後」。但是，這種作法的弊病就是留下了「後患」，等於是讓一顆定時炸彈繼續存在，不知它在什麼時候就會爆炸。因為，如果讓海伍德平安返回英國，那麽，也許明年，或者後年，海外媒體會突然爆出薄家的一系列醜聞。不但是她這位政治局常委夫人的出軌醜聞，還有大筆資產也會被公之於衆。那時，再想來「擦」這個屁股就困難了。

細細想來，海伍德和這個家庭的關係太深了，知道得太多了，多到你想堵塞每一個漏洞已經是完全不可能的了。既有和她本人的這段婚外情，又有兒子薄瓜瓜接連進入一所所名校的內幕，還有一筆筆非法所得的詳情。更有涉及薄熙來的政治圈套，包括向海外放風，散布某位政敵的謠言等等。想來想去。她認為必須采取幹脆利落的極端措施，讓海伍德永遠不能再出聲。不過，薄熙來的交待她是不能不聽的。所以，她強迫自己耐心等待。

按照她的設想，薄熙來一旦正式晉升政治局常委，海伍德的死期便也就隨之到來了。而她需要考慮的只是為這位敢於背叛自己的情夫設計一種死法。

賺情報費可能牽連薄熙來

但是，她在國家安全部的內線傳給她的一個消息，迫使她不顧薄熙來的警告，決計立即動手，除掉海伍德。因為這個內線的消息說，海伍德把薄熙來對小圈子幾個人所講的關於十八大人事布局的分析，出賣給了英國情報機構。

谷開來在與海伍德交往初期，海伍德曾經開玩笑地告訴她，自己是英國的零零七。谷開來當時確實吃了一驚。但是，海伍德坦白告訴了他自己曾經在英國情報委員會任職，而且早已退出。谷開來還是不放心，曾經暗中讓大連國家安全局悄悄調查他的背景，結果得到的結論同海伍德自己的坦白基本吻合。這樣一來，谷開來心裏才一塊石頭落地，因為當時她已經同海伍德多次上床。如果發現自己是同一名身負特殊使命的英國間諜上床，對於一向自命不凡的她來說，無疑是一種奇恥大辱。

後來，海伍德為自己的車牌號也特地選擇了「零零七」這個號碼，她也就更加放心了。因為沒有哪個間諜會公開宣布自己就是間諜。不但放心，而且她還認為，就是因為海伍德曾經有過英國情報委員會的任職經曆，所以才能在英國門路衆多，神通廣大，無論辦什麽事都是無往而不勝。

但是，這名「退役間諜」竟然為了錢，出賣從薄家探來的機密。這讓她十分震怒。她不知道那份「薄熙來分析十八大」的情報究竟賣了多少錢。但她相信，即使再高的價錢也不會達到她已經給予「好處」的一個零頭。這讓她有些鄙視海伍德的貪財。當然，她更感到一種威脅。如果這份情報被曝光，不但會毀了丈夫的前程，而且很可能還會背上「泄露國家核心機密」的罪名而進監獄。

已經過了「知天命」年齡的谷開來，近年來已經越來越把自己的命運寄托在薄熙來的前程上面。在她看來，丈夫能夠躋身政治局常委會，就是進入了政治保險箱。之後無論再出現什麼問題，都將會安然無事。當初的黃菊就是一個例子，盡管他的貪汙腐敗遠遠超過了陳良宇，卻仍然風風光光進了八寶山。因為中央有一個不成文的規定：反貪腐到政治局常委一級為止，再有天大的問題也不能動。因為需要維護中央領導核心的對外形象。

這樣一來，除掉海伍德便已經變得刻不容緩。谷開來反複權衡了一番之後，決定自己為丈夫薄熙來擔一回風險，背著他悄悄解決海伍德的問題。這樣一來，即使事情真的出現了難以收拾的局面，薄熙來因為毫不知情，也沒有責任。而她作為妻子，將一人擔起全部責任。這既算是對薄熙來的一種補償，也是對多年來不斷紅杏出牆的一種贖罪之舉吧！

密召車克明設殺局

二零一一年夏天，谷開來前往大連，按照薄熙來的指示，為早先在大連所作的各樁醜行作檢查，「擦屁股」。協助她進行這件秘密使命的是薄熙來最忠實的「馬仔」、前薄熙來的司機兼勤務員、時任大連國家安全局局長車克明。

車克明，來自大連金縣農村，家庭出身貧寒，只因一個偶然機會認識了時任金縣縣委副書記的薄熙來，成了他的生活秘書，從此，命運發生了突變。車克明在上個世紀八十年代初，不過是旅順海軍基地的一個志願兵，名不見經傳；後來，他轉業後回到家鄉金縣。由於他會幾手絕活，一是做飯炒菜，二是駕駛車輛，三是武術散打，於是，便被剛到金縣創業的薄熙來看中。當然，他還有一個更突出的特點：他無比忠於薄書記。那時薄熙來帶領幾個小兄弟，經常東遊西逛，混吃騙喝，指手劃腳，欺世盜名，老百姓無不切齒痛恨，有人對公子哥薄熙來說，要不是你有後台，我非打你「滿地找牙」。

總之，薄熙來與金縣農民關係緊張，又動輒擾民，怕遭到報負。車克明便派上了大用場。最初，他是縣委機關小車班司機，專給薄熙來開車。不論白天黑夜，風雨不誤，為了給他料理雜物，長年不回家，老婆聽說他跟著薄熙來四處鬼混，欺男霸女，無惡不作，就憤而與其離婚，但他滿不在乎。他說，薄書記就是我的再生父母！這靠山我跟定了！後來，還是谷開來又幫他找了一個老婆。

從一九八八年開始，隨著薄熙來由金縣書記高升大連市委宣傳部長，一人得勢，雞犬昇天，車克明也由以工帶幹，成了科級幹部。有組織部的官員發表了不同意見，說他沒有任何文憑，連小學都沒畢業，不能提拔。薄熙來曾經大怒說，你把他送到黨校補課不就行了嗎？這車克明不僅五短身材，肥頭大耳，貪吃懶睡，而且，智商十分低下，鬥大的字不識一筐，根本無法進修。薄熙來為了拉攏他，撥專款給黨校，找人考試打小抄，才勉強使他混了個大學本科中文系函授文憑。

接著，薄熙來又在當大連市長後，把他提拔為正處級幹部，名為「市政府薄辦主任」。於是，這個沒見過世面的勢利小人，連走路的動作都變得搖頭晃腦，不可一世。他不僅包養情婦，索賄受賄，敲詐勒索，上竄下跳，成了薄熙來的大管家，號稱「大連第一秘」！

據大連開發區灣裡鄉一位領導披露，他利用國安局的監聽手段，得知一名外商要投資購買一大片土地，他知道有利可圖，立即派特務把那個老闆以嫖娼為名抓起來，再講條件後釋放。不久，他以中介者招商引資為名，一次性從這個合作項目裡拿走了人民幣八十萬元，還外加高檔住宅一套。灣裡鄉一位領導說，這種事光在一個鄉，他就幹了六起，他也因此成為一個暴富的千萬富翁！

一九九九年，薄熙來當了大連市委書記，又把他提拔為大連國家安全局長。但由於他口碑太差，人大常委集體抵制，不通過任命。薄熙來又改任他當國家安全局黨委書記，專門選了一個沒有主心骨，見風使舵的特務萬國濤作魁儡局長。實際上，還是車克民獨掌大權。從此，車書記登上了正局級幹部的寶座。當然，不久之後，他還是作了局長，黨政兩個職務一肩挑。

在他的領導下，大連國安局的職能，由反間諜變成了內鬥，他和薄熙來一起制定了黑名單，不僅批評他的記者，罵他的老幹部，而且，與薄熙來旗鼓相當，勢均力敵的黨內同事，都被記錄在案，受到二十四小時衛星定位監控，大連市原紀委書記說，連市委領導、公安局長、總工會主席等人的電話均被監聽了！為了遮人耳目，車克明親自給特工派任務，全是單人行動，連他們的直屬上級，都不知道每個人整天幹了些甚麼！在對立派幹部劉某、高某、張某等人相繼入獄後，大連官場人人自危。而隨著薄熙來青雲直上，第一家奴車克明本人也步步高陞，富得流油，民眾懼怕，被人們送一個綽號：「薄熙來的戴笠！」

二零零四年，薄熙來上調進京出任商務部長，車克明感到沒有了靠山，心裏不踏實，便要求薄熙來把他也帶到北京去，謀個一官半職。結果薄熙來對他說，你怎麼能走？走了之後肯定會有人翻我們的舊賬！所以，你要留下來看家，守好這塊根據地，你的責任重大。因此，車克明便留在了大連，忠實履行薄熙來交給的任務。

這一次，谷開來到大連後，便立即和車克明坐下來一件件盤點過去的一系列貪汙腐敗、打擊政治對手的醜事，研究那裏可能存在漏洞，那些事可能危害薄熙來的政治生命。車克明見谷開來臉色不好，而且心事重重，以為是她擔心大連往事可能會被重新掀開，便拍著胸脯保證，不會留下任何漏洞。按照車克明的說法，能夠用錢擺平的事，盡量用錢擺平，實在擺不平的，就用「國安手段」擺平。

谷開來很感激車克明的忠實，便歎了口氣告訴他，其實大連的事她還比較放心，真正不放心的還是海伍德。

這車克明長期出入薄家，對海伍德當然十分熟悉。他急忙向谷開來問起究竟。谷開來自然不會向他全盤托出實情，特別是不能說出兩人已經因為傭金多少的問題已經鬧翻。只是說他太貪婪，毫無節制，為了錢把從家裏聽到的薄熙來涉及政局的分析與預測，作為高級機密情報，買給了英國情報機關。

身為國家安全局長的車克明一聽吃驚不小，他知道這件事如果傳出來，份量會有多重。他氣得大罵海伍德忘恩負義，為了錢出賣主子，並當場表示，要把他「做了」，以絕後患。他的這一建議剛好與谷開來的心思吻合。但是，她還是不動聲色地表示不忍下手。從而顯得自己很重情義。結果反而是車克明一再勸她必須要下定決心，快刀斬亂麻，否則他如果開口對外亂說，那麼局面將會不可收拾。車克明並且吹噓，自己可以有辦法把事情做得身不知鬼不覺。

直到這時，谷開來才表示，如果萬不得已，恐怕只有依照車克明的主意行事了。她當時強調了一點：絕對不要讓薄熙來知道，以確保他與此事無關。即使將來真的出了什麼婁子，他因為毫不知情，也沒有任何責任。作為薄熙來打手多年的車克明自然知道要為主子擋子彈這個道理。所以他當場表示絕無問題，為了保證薄熙來步步高升，他永遠不會向薄熙來透露半個字。

決定動用「美人散」

谷開來很滿意，便要他立即制定一個實施方案。在隨後的幾天裏，谷開來與車克明閉門詳細討論了車克明的方案，並且又多次修改，特別是針對每一個細節都做了多種設想，最終確定一套看來似乎天衣無縫的方案。

按照這個方案，車克明首先要指示自己的手下，僞造一份關於海伍德涉嫌間諜活動的卷宗。顯示大連國家安全局從九十年代起，就已經在追蹤海伍德的間諜活動，因為當時海伍德在大連的時間比較長。這樣一來，大連國安局便有理由接近海伍德，並且最後出面料理他的後事。對外便可以聲稱，這是大連國安局經辦的間諜案，因而當地公安部門便也無需插手了。

這個方案中的重點，是車克明向谷開來推薦采用的一件秘密武器，那是大連國家安全局新近從國外好不容易搞到的一種名為「美人散」的軟性毒藥。這種毒藥據說是由俄羅斯情報機構研制的。其特點是無色無味，溶解性很強，放入水中只需要幾秒鍾便完全溶解，毫無任何雜質，根本看不出來。人喝下去之後，不象一般如氰化鉀那樣的烈性毒藥會立即發作，奪人性命；而是緩緩對心髒產生作用，最終導致心髒停跳而死。這種「美人散」還有一個最大優點，就是很難檢驗出成分。所以，服了它而死的人多數都會在屍檢時被認為是心髒病突然發作而死。由於它常被俄羅斯美女間諜在色誘暗殺對象時偷偷下在遇害者的酒杯或者咖啡之中，因此被稱為是「美人散」。

大連國家安全局好不容易才搞到一點「美人散」的樣本，

「美人散」無色無味，溶解性很強

本來是希望全面化驗出其成分及配方，以便加以仿制。但是，還未及化驗，便先被局長車克明扣住了。谷開來對「美人散」的特殊效能非常贊賞。她問車克明拿到之後可曾作過試驗，車克明告訴她，手下曾經試著給一條狗吃過，只是用了很少的量，那狗半個多小時後就死了。谷開來聽完後，當場就決定采用「美人散」，送海伍德上路。

這車克明雖然是個粗人，但畢竟在國安系統混了這麼多年，熟悉其中的門道與規則。他表示，下藥的人不能是谷開來本人，她本人當時必須不在現場。這不但是保護她，更是要保護薄熙來。但是，這個下藥的人又必須同海伍德十分熟悉，這樣才能有機會趁他不備，把藥下到他的杯子中。由於這個人要充當殺手，便要作好可能面臨的後果。所以，必須是非常忠實可靠的「自己人」。這個人選必須要慎重選擇，因為他（她）是整個計劃成敗的關鍵。

其次，車克明拿不定主意是否要提前對王立軍透點風聲，讓他心裏有個准備，因為如果選擇在重慶動手，未來屍體的現場勘查必定還是王立軍手下的重慶公安局刑警。他如果不知就裏，萬一查出真相就不好收拾了。而如果他心裏有數，就可以出手幫助遮掩一下，問題就簡單多了。

但是，谷開來考慮之後，還是決定不提前向王立軍透底。這倒不是因為她不信任王立軍，而是因為王立軍同薄熙來的關系太鐵，她擔心王立軍提前知道後，可能會泄漏給薄熙來。那就有違谷開來要保護薄熙來的初衷了。

車克明同意了谷開來的意見。他決定派自己的幾名「鐵杆兒」手下，組成小組，赴重慶協助谷開來選擇的「殺手」實施計劃。他相信，在海伍德死後，他的小組趕到現場亮明身份，聰明的王立軍應該就會心領神會，全面予以配合的。

家奴張曉軍操刀

谷開來經過反複考慮篩選，最終選定了薄熙來的司機兼勤務秘書張曉軍作為實施謀殺海伍德計劃的操刀手。

這張曉軍現年三十歲。他在十八歲時當兵，被選進了中央警衛團，分配給薄熙來的父親中共元老薄一波作警衛。日夜在薄家克盡職守地跟著薄一波，特別受到薄一波的喜歡，認為他聰明勤快，特別能夠領會自己的意圖，把個薄一波伺候得舒舒服服。薄一波為此還特地打電話給中共中央警衛局，為張曉軍請功，結果張曉軍在二零零三年時，就因為服侍薄一波盡職盡責而獲得過三等功，並且獲得提升為副營級。

立功獲獎之後，張曉軍與薄家的關系更近一步，不但成為最忠誠的勤務員，而且也成為薄家的一員，被薄一波視為自己最小的兒子。他稱呼薄熙來從來都是叫「二哥」，而對谷開來則叫「二嫂」，因為薄熙來在家裏的七個孩子中，是男孩子中的老二，他的上面除了兩個姐姐之外，只有一個哥哥薄熙永。

二零零七年，九十九歲的薄一波終於告別人世。按照一般作法，中央警衛團應該重新分配張曉軍的工作。以往在跟隨首長多年之後，勤務員往往都會獲得晉級，安排個適當的職位。但是，張曉軍與薄家的關系太深了。他舍不得薄家，薄家人也舍不得他。

當時，正好薄熙來晉升為政治局委員之後，被任命為重慶市委書記。他在接到任命前問張曉軍，願不願意隨他去重慶，張曉軍點頭說願意。於是，薄熙來一個電話，張曉軍就被任命為薄熙來的勤務秘書，級別上也提升為正科級，隨同薄熙來到山城去上任了。所以說，張曉軍其實是薄家的「世代家奴」。

他除了前面說的那些優點之外，嘴巴還特別嚴，從來不傳話，不打聽事。有時谷開來問他今天薄熙來見過誰，說過什麼話，這張曉軍都從來不透露任何一個字，只是請她自己去問四哥。當然，張曉軍的最大優點是特別忠誠，對薄熙來從來都是死心塌地地追隨，薄熙來交待的事情，他無論如何都會按時完成；薄熙來的話在他那裏就是絕對的聖旨，執行起來從不打任何折扣。

時間一長，薄熙來對他越來越信任，許多不能登大雅之堂的事也不再瞞他，包括自己去同別的女人幽會這種事也照例由他開車接送。這張曉軍並且為薄熙來辦過許多私事，包括為薄熙來的「野女人」安排住所，帶著她們遊覽重慶名勝等等。這些事情谷開來雖然曾有耳聞，但是就是無法從張曉軍嘴裏得到任何准確消息。

「薄書記」與他的左右手

到了重慶以後，薄熙來曾經提醒他要注意影響，在外人面前，對他和谷開來不要以哥嫂相稱。因此，張曉軍就改口稱薄熙來為「薄書記」，稱谷開來為「谷律師」。其實，他對「谷律師」也是十分盡職盡責。對谷開來吩咐的事情，他也是從來沒有二話。如果谷開來的吩咐與薄熙來的指令正好相左，他就會說薄書記曾經吩咐不要那樣做。在他的心目中，薄熙來永遠是第一位的。

就是這一點，讓谷開來找到了可以說服他動手的切入點。果然，當她告訴張曉軍海伍德把薄熙來在家裏與自己人的談話當作機密情報、買給了英國情報機關之後，張曉軍一下子急得跳了起來。他急忙問要不要立即把海伍德抓起來，谷開來告訴他，抓起海伍德，勢必會牽扯到薄熙來。因為薄熙來在家裏講的那些話如果傳出去，會對他十分不利。張曉軍大罵海伍德不是東西，說他要是壞了薄熙來的事，自己就會宰了他。

於是，谷開來順勢告訴了她自己的計劃，並且一再強調，這樣做完全是為了保住薄熙來。她並且反複要求張曉軍千萬不能把這件事告訴薄熙來，即使真有一天事情泄漏了，也要自己一個人抗下來。她問張曉軍能不能做到這點。張曉軍毫不猶豫地答應了。谷開來心中想到，自己果然沒看錯人。谷開來便把具體計劃向他作了交代。

幾天之後，車克明派來的小組到了。張曉軍秘密和他們見面，並且聽他們介紹了「美人散」的使用，以及施放技巧等，並且還用替代品作了多次演練。演練的內容包括在幾種不同場景下如何施放。當然，所有這些都是瞞著薄熙來悄悄進行的。

動殺機海伍德有第六感

谷開來這邊動了殺機，並且緊鑼密鼓地同車克明制定方案，確定殺手，海伍德那邊似乎有一種第六感，意識到危險在不斷逼近。那些天，他的右眼一直莫名其妙在跳，有時跳得他心神不甯，坐臥不安。跳得厲害時，王露露都可以看到他的眼睛神經在抖動。這就如同莎士比亞名劇《麥克白》中麥克白所聽到的那段著名的「命運敲門聲」。

王露露為此還曾經帶著海伍德去看過醫生，結果西醫檢查不出任何毛病，只是讓他多休息。王露露便又帶他去看中醫，結果取回來幾副中藥。王露露熬藥給老公喝。這海伍德雖說到中國已經十幾年了，可是喝中藥卻還是第一次。他不大相信那些看來只是幹樹枝樹皮之類的草藥，熬藥的氣味也叫他難以忍受。在妻子的央求勸說之下，他勉強喝了兩天中藥，結果感覺沒什麼效果，便把余下的草藥扔進了垃圾箱。

不過，盡管心裏的不祥預感越來越強，但是海伍德還是象個男人。他沒有把心中的擔憂告訴妻子，因為他知道，膽小怕事的王露露如果知道他的擔憂，除了跟著擔憂著急之外，不會幫他想出任何主意，也不可能在他和谷開來之間去作調解。海伍德甚至一直沒有告訴王露露，谷開來曾經強迫他離婚，更沒有告訴她，谷開來對她早已經不象當初那樣如同姐妹。她恨她，恨她終於奪走了自己曾經喜歡過的男人，而且是從精神上徹底奪走了他。

二零一一年秋天，他在北京的朋友表示，海伍德近來心神不甯，總是魂不守舍。海伍德曾向朋友表示，已約有一年時間沒

王露露認為海伍德絕不可能是死於飲酒過度

見過薄熙來。他開始擔心人身安全，要求友人不要在電郵和電話中討論敏感話題。同時，他向該友人表示，為防萬一，他把一份詳細記錄薄家海外投資的文件留給了一名英國律師，作為自己的「保險單」。以便萬一自己遭遇不測，便可以由律師公開那些文件，向世人揭露薄熙來一家的真面目。從而也可以由此判斷出自己是被殺人滅口。

那位朋友聽到後嚇了一跳，因為他是在開玩笑。但海伍德很嚴肅地告訴他，自己是認真的。他並且說，如果自己近期遭遇車禍之類的意外而離奇死亡，肯定就是被人謀殺了。那位朋友急忙勸他不要胡思亂想，認為事情應該沒有海伍德想象的那麼嚴重，並且認為可能是他最近一段為開設英國購物中心的事過於勞累，精神壓力太大導致產生了許多離奇古怪的念頭。因此，朋友勸他回英國去休息一段時間，放松精神。

那位朋友當時曾經問過海伍德，谷開來是否知道他手上有這些不利於她的文件。海伍德告訴他，谷開來也知道文件的存在，而且是自己主動透露給她的。目的就是為了讓她知道文件的存在，不敢輕舉妄動。

謀殺經過毫無戲劇性

一切准備就緒，接下來具體實施計劃則出奇地順利。

在半年多沒有任何聯系之後，谷開來突然打電話給海伍德，請他立即到重慶來一趟，說是有重要事情商量，並且要同他一道慶祝自己十一月十五日的生日。海伍德轉天，也就是十一月十一日啓程，由張曉軍專程陪同從北京飛抵重慶。到機場之後，張曉軍便把他載到希爾頓酒店住下，告訴他說谷開來會同他聯系，隨後就離開了。

但是，谷開來隨後給他打來一個電話，說自己遇到件棘手的事情需要處理，先不能過去見他，要他自己在酒店好好放松休息一下。接著，就再沒有消息了。一連兩天，海伍德一個人呆在酒店裏，十分無聊。他曾經聯系自己在重慶的兩個朋友，不巧的是兩位朋友當時都不在重慶。海伍德自己曾經步出酒店，一個人上街，但是也感覺十分無趣。他曾經再打電話給谷開來，但是電話總是沒有開機。一種不祥的預感油然而起。海伍德想到要打電話給王露露，跟她說說自己的預感。但電話接通後，他又挂斷了，因為不想讓王露露陪著他一道擔心。他決定，再等一天，如果還聯系不到谷開來，就立即飛回北京。

但是，就在十一月十三日，也就是他抵達重慶後的第三天下午，張曉軍出現了。他說是奉谷開來的吩咐，給他換一個酒店居住，那裏條件好一些，談事情更方便。結果張曉軍把他拉到了郊外的南山麗景渡假酒店，這是一個五星級豪華酒店，地處偏僻，但景色優美。

入住之後，谷開來打來一個電話，說是要過來陪他一道用晚餐。果然，谷開來晚上出現在酒店裏，她顯然是特意精心打扮了一下自己，刻意掩蓋歲月在她臉上留下的痕迹。兩人就在酒店西餐廳共進晚餐。盡管谷開來曾經說過有要事相商，但晚餐期間，她卻沒有談到任何正事，只是漫無邊際地瞎扯。

重慶南山麗景度假酒店後面有獨立的別墅房，十分僻靜

當谷開來出現在自己面前那一刻，海伍德本來一直提著的心突然放松了，因為他突然感到，仿佛又看到了十幾年前帶著兒子來上英語課的谷開來。但是，在晚餐期間，谷開來漫無邊際的海闊天空，這與她以往的風格不符，讓他又生出幾絲疑惑。但他沒有選擇，只能隨著谷開來的話題，從北京聊到大連，再聊到倫敦，聊到美國。

晚餐之後，谷開來陪他回到房間。他照例擁抱了她，並且想和她一道倒在床上，這些年來，只有那一刻才是讓他感到最為踏實的。但是，谷開來這一次卻輕輕把他推開，說是等後天吧，後天我過生日。

於是，兩個人坐定。谷開來不再海闊天空地胡扯，而是向他提起了他手裏關於薄家的資料文件。谷開來問他，手裏都有些什麼文件。海伍德說，只是過去十幾年每次轉賬的記錄。再問他為什麼要留這些文件，有什麼目的。海伍德回答說，沒什麼特別的目的，只是自己的一種習慣，把所有做過的事情留一個記錄，以免日後忘記。

谷開來沒有再多說什麼，只是說，留著這些東西可能有麻煩，還是燒了吧。海伍德說，自己又沒有打算拿出來公開，不會有什麼麻煩，因為自己保留的不但是幫助薄家所作的各類轉賬交易，而且也包括同其他人合作進行過的各類生意記錄。他注意到，谷開來這時曾經掃了他一眼，那眼神令人捉摸不透。

但是，谷開來沒有就那些文件繼續糾纏，而是問起了他籌備開辦的英國名牌購物中心。從資金籌備到中心設計、各家名牌店的意向、北京市政府的態度等等，並且表示自己也有興趣參與，但需要找個家族以外的人士來出面。兩人就這個話題聊了很久，那情形好象谷開來確實有興趣入股參與。海伍德當時為這個中心正在集資，當然希望薄家也來投入。最後，谷開來說會物色一個人選入股，這個人的背後就是薄家。

當晚，他們約好十五日生日那天，一道慶祝生日。谷開來走了之後，海伍德覺得輕松了許多，連續幾個月來得緊張感不見了，精神上的壓力也驟然消失。原來一切都是由於自己太多慮了，谷開來看來並無惡意，而且還要入股自己的購物中心項目。這絕對應該是一個好消息。當天夜裏，他睡得非常踏實。那是幾個月來，睡眠質量最好的一覺。

十一月十五日，谷開來以邀請海伍德和她一起單獨慶祝生日為名，特意煮了一鍋湯，帶到海伍德所住的小別墅裏。

吃到一半，谷開來再次提出要海伍德繼續為薄家服務，再洗一次錢。谷開來這次要洗的錢，是一筆八千萬英鎊的巨款（大約相當於一億人民幣）。

海伍德也許覺得實現他英國購物中心夢想的機會到了。因此，他向谷開來提出，他這次必須得到百分之十的報酬。兩個人爭執了一會，張曉軍就動手了。

張曉軍在外面將事先準備好的「美人散」混在谷開來做的湯裏，讓海伍德喝下。海伍德喝了幾口，似乎覺得有點不對，就將湯吐了出來。這一次張曉軍和谷開來一起摁住海伍德，強灌了他致命的毒藥。自然，這個英國冒險家很快就一命嗚呼了。

這一切，都發生在重慶南山麗景度假大酒店高級別墅客房內的溫馨燈光之下。

這一天，正是谷開來的生日。

海伍德並不知道，當天早上，谷開來大張旗鼓地去機場飛往北京，說是母親病了，然後又回到了南山麗景度假酒店。她臨走還特意給幾位朋友打過電話通知一下。這樣，在海伍德被謀殺時，谷開來不但不在現場，而且還根本就不在重慶了。

海伍德還不知道的是，大連國家安全局的兩名特工，幾天來一直暗中「陪伴」著他，從開始的希爾頓酒店，到後來的南山麗景渡假酒店。其中轉換酒店也是他們根據職業習慣提出的。因為希爾頓酒店太大，人來人往太多，事後可能會張揚得很快。而南山麗景渡假酒店，就小很多，人也少很多，而且地處偏僻郊外，有利於掩蓋事件。

第二天，酒店服務員打掃房間時，本來以為房間內沒人，結果發現了倒在地下的海伍德，嚇得她花容失色地跑出房間。酒店隨即報警。

第十二章

大連警跨省強焚屍
海伍德家族齊掩口

谷開來與王露露同機赴渝

海伍德赴重慶這幾天，每天都會同在北京的妻子王露露通上一個電話，有時還會同女兒及兒子也聊上幾句。但是，十四日這天晚上，王露露卻沒有收到他的電話。王露露認為大概是他忙於應酬，沒時間打電話，所以也並沒有太在意。

轉天上午，她送兩個孩子去上學之後，便給海伍德的手機打電話，但對方那裏卻一直沒有開機。下午再試，還是沒有開機，晚上再打仍然沒有開機。這一來王露露沈不住氣了。她也有了一種不祥的預感。於是，她撥通了谷開來的電話。以往，她很少給谷開來打電話，特別是打電話問她自己的老公在哪裏，這讓她總覺得別扭。但是這次，她是走投無路了，因為她在重慶不認識其他人，而且她又知道，丈夫這次是應谷開來的要求趕赴重慶的。

不想電話接通後，谷開來說她人在北京，不知道海伍德那裏出了什麼事。但是她說，前天曾經在重慶見過海伍德，當時一切都好。她勸王露露不必擔心，也許他臨時有什麼事情，手機沒有來得及充電。王露露只好挂斷電話。

其實，當天晚上，張曉軍就打電話給她，按照事先約好的暗語，告訴她，「牙醫已經約好」。意思是事情做好之後，首尾比較乾淨，只待谷開來做好家屬的工作。谷開來看到這個信號之後，準備再等一等然後返回重慶。

十一月十六日，王露露接到重慶警方在打來的電話，通報海伍德的死訊。起初王露露不願相信，以為是什麼人搞的惡作劇。但致電的警官告訴她是真的，並且說警方已經按照慣例通知了英國駐華大使館，建議她向北京的英國大使館求證。王露露急忙打電話給英國大使館，隨即獲得大使館確認了噩耗。

這時，谷開來打來電話說，她也是剛剛得知海伍德的死訊。准備立即返回重慶，谷開來問她是不是和她一道返回重慶。於是兩人約定，轉天一早搭機飛往重慶。因此，王露露在海伍德被發現死亡後兩天，也就是十一月十七日在谷開來的陪同下飛抵重慶。在一家殯儀館的停屍房裏，見到了海伍德的屍體。

咖啡店谷王談判

王露露是搭谷開來的車與她一道去確認海伍德的屍體的。到達殯儀館後，一名英國駐重慶領事館官員，與一名重慶公安局負責外事的警官也在現場陪同。

望著海伍德的屍體，王露露十分悲痛，她伏在海伍德身上痛哭不止。一旁的谷開來也陪著一道落淚。在場的英國領事館官員告訴王露露，警方在現場勘查的初步結果顯示，海伍德很有可能是屬於酒精過度引發的心髒病發作，在現場勘察的法醫也這樣判斷。如果她想確切知道死因，就需要作屍體解剖。

當時，王露露整個人已經完全不知所措了，她幾乎聽不懂英國領事究竟在說什麽，在場的警方翻譯，又解釋了一遍，希望她拿個主意，以便決定何時火化。但王露露如同傻了一般，只是不停地哭，不停地念叨著那句話：「你為什麽突然走了？」

還是谷開來在一旁對警官和英國領事說，先讓她休息一下，等她平靜下來再討論火化的問題吧。於是，她拉著王露露離開了殯儀館。上車之後，她吩咐司機找個安靜的地方。司機便開車到了一家高檔優雅的咖啡館，谷開來扶著王露露下車走進咖啡館，並且對司機低聲交待了幾句。咖啡館剛好沒有客人，兩人便在一個角落坐下來，谷開來叫了兩杯咖啡，吩咐老板暫時回避，不要來打擾。不一會兒，門口來了幾名警察，他們守住大門不讓其他顧客進入。

咖啡店內，谷開來便同王露露討論了海伍德的後事安排。谷開來的意見是，人死不能複生，即使知道死因又能有什麼用，究竟是心髒病還是腦溢血造成的死亡，都改變不了人已經死了這個現實。所以，她勸王露露就不要讓已經死了的海伍德再挨上一刀，被人把心肝脾肺都挖出來折騰一遍，索性盡快火化就是了。

王露露十分清楚，海伍德很少喝酒，平時即使有些必須的應酬，也只是象征性地喝上一小口，他絕不可能是死於飲酒過度。王露露的父母都是醫生，所以她從小就有一些醫學知識。她知道海伍德沒有心髒病史，依照他的年齡和身體狀況，突然心髒病發作的機會不大。但是，有一點她搞不懂，警方證實，海伍德死前確實喝了酒，而且調查發現這酒還是他自己從餐廳買的。為什麼不喝酒的海伍德要自己買酒喝？又是什麼人陪他一道喝的酒？

王露露感到有許多事想不明白。但是，谷開來的一番勸解卻反而讓她有些明白了。她感到谷開來在全力勸說她趕快把屍體火化，把事件了結。她憑著直覺感到谷開來似乎同這件事有關。但是，谷開來案發時又遠在北京，陪同自己一道飛來重慶。

所以，她更是理不出個頭緒。好在她本來就不大愛講話，現在索性就更不開口，任由谷開來一直講下去，自己只是在一旁傷心抽泣。

漸漸地，王露露有些聽明白了：如果她堅持解剖屍體，可能會引起不必要的麻煩。因為海伍德是英國人，就必須向英國政府有一個交待。而如果解剖後仍然無法確定死因，或者法醫對死因認定存在爭議，就容易引起英國政府介入，要求由英國法醫解剖驗屍，那就會帶來外交麻煩，對薄書記不利。但是，如果她同意不解剖，就可以依照目前的結論火化，那樣各方面都可以松口氣，而且她可以獲得薄家的回報。包括以後她的子女在海外就學的學費。谷開來的原話是，我畢竟是兩個孩子的幹媽！

至此，王露露更加堅信谷開來肯定同海伍德的死有關，只是她完全不可能了解海伍德的真實死因。作為妻子，她自然不想讓丈夫就這樣不明不白地死了。但是，她從谷開來的言語中感受到一種無形的威脅，從門口站崗的警察身上感受到對手勢力的強大。如果她拒絕答應谷開來的要求，那麼她和兩個孩子可能都會面臨不利。作為一個毫無任何權勢的弱女子，她為了自己和孩子，只能答應谷開來的要求。

谷開來對王露露的決定很滿意，她告訴王露露，她一切都不必操心，自己會安排好一切，費用也由自己承擔。從咖啡館出來後，谷開來吩咐司機把王露露和自己一道送回家。她安排王露露先在自己家裏住下，以免把她一個人甩在賓館。

大連國安強行火化

王露露同意火化之後，便簽署了一份文件，那是公安局的死亡簽定書。上面的主要內容是說，作為死者海伍德的妻子，同意官方有關海伍德是酒精過度、引發心髒病致死的結論，同意不作屍體解剖，立即火化。

但是，由於王立軍手下的公安局刑偵處認為案件可疑，正在悄悄展開調查，所以反對立即火化屍體，並且准備把海伍德的屍體從殯儀館運到當地公安醫院冷凍起來，准備進行法醫解剖取證。

十一月十八日，就在公安局刑偵處的人員抵達殯儀館，准備押運屍體時，突然遭到幾個人的阻攔。他們聲稱是大連國家安全局的人，這個死者海伍德一直是他們追蹤調查多年的間諜嫌疑人。案子是他們辦的，事情經過他們也都清楚，現在他們奉命火化屍體。

刑偵處的人在自己的地盤上自然不會買大連國安局的賬，

王立軍經常親自辦案

他們告訴大連國安不能越境執法辦案。現在他們是在調查一樁可能是凶殺的案件，屍體是最最重要的證據，不能立即火化，只能作過法醫解剖之後，才能夠火化。但是大連國安則表示，這不是一樁普通刑事案件，而是涉及國家安全的間諜案。作為這個案件多年來的辦案者，他們有權處理涉案外國人的屍體。

雙方僵持不下，刑偵處警官便直接打電話給局長王立軍請示。王立軍已經知道了薄熙來在這個問題上的立場，他相信大連國安突然出現在重慶，應該同薄熙來的授意有關。但他不滿薄熙來竟然沒有提前同他通通氣，明顯是把他這個公安局長甩在了一邊。他一面要刑偵處警官在現場等候指示，一面撥通了車克明的電話。

王立軍對車克明上來就是一通臭罵，說他完全沒有規矩，派人到重慶來竟然不向他這個地頭蛇報到，搞得他十分被動。他問車克明，這個外國人的死是不是你們幹的？車克明陪著笑勸他別問了，問多了對誰都不好。車克明只是說，整個情況他都知道，希望王立軍行個方便。他還對王立軍說，我們都是自己人，這件事也是自己的事，我們倆是在給同樣的老板打工。

至此，盡管王立軍還不能肯定薄熙來本人是否涉案，但是谷開來在事件中扮演主要角色卻是已經基本可以確認的了。掛斷電話，當他還在猶豫應該如何處理這件事時，他的秘書進門告訴他，公安局副局長兼刑偵處長郭維國按照薄書記的指示前往殯儀館，與大連國家安全局一道，監督將海伍德的屍體立即火化。目前，屍體已經運往火葬場。

薄熙來越過王立軍直接給郭維國下指示，這讓王立軍感到自己可能會被薄熙來拋棄。他後來得知，當郭維國趕到殯儀館時，刑偵處幾位警官竟然不願意執行他的命令，參加現場勘查的警官更拒絕在「酒精過度」的死因一欄簽字。按照規定，沒有這個簽字，火葬場是不能進行火化的。結果郭維國只好自己簽字,反正他也確實到過現場。

當天中午,海伍德的遺體火化,他的妻子王露露和他剛剛從英國趕來的姐姐、以及英國領事館官員在場。谷開來以及大連國安小組人員等,以海伍德朋友的身份參加了火化前的簡單儀式。火化之後兩天,海伍德的骨灰由他的姐姐帶回英國倫敦。在倫敦的正式安葬儀式,定在十二月份舉行。

海伍德母親拿到「掩口費」

海伍德雖然是英國貴族後裔,但是他的家境早已破落,除了幾張能夠顯示祖上榮耀的照片,再沒有其他顯示貴族身份的象征。他的父親早年丟下一雙兒女同老婆離婚,又娶了另外一個年輕女子。而海伍德和姐姐則是由母親一人帶大的。

母親其實也是貴族出身,但是同樣未能繼承任何可觀的遺產,好在丈夫與她離婚時把家裏的房子和值錢的東西都留給了她。她幾乎是變賣了全部家產把女兒和兒子送入英國最好的學校讀書。在這點上,海伍德母親倒是表現出了英國貴族重視教育的傳統。

兒子畢業後還沒顧得上孝順母親,工作了幾年後便越洋去了中國。但後來似乎發展得還不錯,每次回來總會給母親留下些錢，加上政府給予的社會福利金，日子也還算是過得下去。女兒也早已結婚成家，生活狀況也屬於一般。

谷開來早已了解這些情況，所以她抓住海伍德家庭比較貧困這個弱點，希望堵住海伍德母親的嘴，讓她們在英國不要再糾纏兒子的死。因為，如果海伍德的母親和姐姐如果鬧起來，對死因表示懷疑，並且向英國政府哭訴，英國政府肯定會反過來向中國官方施壓。那樣一來，中國這邊就必然會要重新審核海伍德的死亡記錄等，但就很容易鬧出「亂子」來。

所以，當海伍德的姐姐一抵達重慶，谷開來便以海伍德生意合夥人的身份與他姐姐談判，希望他們平靜接受目前「酒精過度引發心髒病」的致死原因，永遠不再追究，永遠不再外面質疑這個結論。那樣的話，她可以給她們母女二人一筆錢，足夠她們今生舒舒服服的生活了。谷開來一下子開出的價碼是一千萬英鎊，大約合近兩千萬美元。這個數字相當於她們在英國買彩票中了大獎，不但自己這輩子足夠了，連下輩子也足夠了。

見錢眼開，有錢能使鬼推磨。海伍德的姐姐開始幾乎不敢相信這個數字是真的。在確認眼前這位在中國有權有勢的貴婦人確實要給她們這麼多錢時，她毫不猶豫地答應了谷開來的要求，並且作出了幾項「絕不反悔」之類的承諾。她並且代她的母親也答應了谷開來的條件。

海伍德屍體火化并不意味著事情的結束

果然，海伍德的姐姐回到英國後，對母親講述了整個情況，一直為失去兒子悲傷的母親也同意接受谷開來的條件。所以，在薄熙來倒台後，盡管英國媒體曾經拼命試圖從海伍德的母親和姐姐那裏挖出一些「猛料」，但是那母女二人始終堅稱海伍德是死於心髒病發作，並且指責有關海伍德死於他殺的各類報道都是造謠。

於是，英國有媒體估計這兩個女人可能是收了一筆「掩口費」，所以才鐵嘴鋼牙地認定海伍德屬於自然死亡。但是，谷開來這次作得十分機密，因此媒體沒有抓到任何她支付「掩口費」以及對方收取了這筆錢的證據。

曾經有媒體猜測，海伍德的姐姐在重慶見到谷開來時，應該曾經收到了谷開來給的一張巨額支票。但其實谷開來沒有這麼笨，她自己沒有直接給海伍德的姐姐任何錢。但是，她在英國的法律咨詢公司卻將會是這筆巨款的付款方。至於這筆錢是一次性付出，還是分期付出，就將由付款方與收款人協商確定了。

英國安葬王露露無錢買機票

海伍德死後一個多月，二零一一年十二月十八日，海伍德的骨灰正式在英國安葬。安葬前，家人與朋友在倫敦泰晤士河邊巴特西地區的聖瑪麗教堂，為他舉行了追悼會。

王露露帶著海伍德留下的一對子女，從中國趕到倫敦，全程參加了海伍德的葬禮。在有約百人參加的追悼會上，海伍德在英國精英學校哈羅公學的一名同學，事先提出一個讓到場者都感到困惑的要求。他要求所有人都坐在各自的位置上，不要靠近海伍德的中國妻子王露露，不要同她講話，更不要提問任何問題，直到王露露和兩個孩子離開教堂為止。到場人士對這一系列要求感到不解，但是在那個特定場合，一切又不好細問，便只能聽從安排。

有出席那天追悼會的人士說，那天看到王露露身邊一直有一男一女兩位中國人陪伴。從陪伴者的言談舉止上看，這兩人應該是中國駐英國大使館的官員。那天在追悼會上，無論是王露露，還是海伍德的母親或姐姐都沒有作任何發言。而致詞的幾個人只是對海伍德的離去表示哀悼，有人還回憶了早年與海伍德交往的時光。但是，卻沒有任何人提到為什麼這名四十一歲身體明顯健康的男子突然會死去。好象也沒有任何人可以詢問其家人。

海伍德骨灰安葬的第二天，王露露便帶著兒女返回了北京。就在王露露離開英國之後，有英國媒體披露說，據海伍德的友人表示，海伍德身亡後，他的妻子和子女立即陷入經濟困境，王露露要帶著子女到倫敦出席海伍德葬禮，但是卻拿不出錢來購買飛機票，只能求助於前商業夥伴、北京阿斯頓•馬丁的銷售商為他們支付赴英國參加海伍德葬禮的機票費用。

三張北京至倫敦的往返機票，其中兩張還是兒童票，算來不過應該只有三千多美元，折合人民幣也只有兩萬多元。但是，王露露卻拿不出來，這究竟是為什麼。本書前面已經講過，海伍德多年來為薄家向海外轉移資產，而且自己也在經營咨詢公司，並且還曾經向英國情報機構出售從薄熙來那裏打探來的情報。在這三項主要收入來源中，僅轉移資產的傭金就高達兩億多元人民幣，如果再加上其他兩項收入，他近十幾年來在中國賺取的總收入應該不低於三億多元人民幣。即使以他每年消費

倫敦泰晤士河邊巴特西地區的聖瑪麗教堂

掉百萬元人民幣計算，也才不過占去他收入的一個零頭。

因此可以認為，海伍德的現有財產應該不會低於三億元人民幣，也就是大約五千萬美元。但是，專門善於打聽這類消息的英國媒體，卻從接近海伍德在北京家庭的人士口中得知，海伍德留給妻子兒女的存款余額折合為英鎊後只有五位數字，也就是說，不過幾萬英鎊而已。即使是九萬多英鎊，折合為人民幣也才只有一百多萬元。這同海伍德的收入嚴重不吻合。

按照海伍德在北京的朋友的說法，海伍德在中國雖然生活舒適，但並不揮霍。他生活中開銷最大的一項，就是他的兩名子女進入北京的國際學校就讀，每年學費超過五萬美金，也就是三十幾萬元人民幣。而他在其他方面的開銷則都很有限。

這種情況說明一個唯一的可能，那就是海伍德擁有妻子王露露所不知道的秘密銀行帳戶。這個賬戶應該不是在中國，而是在英國。那個賬戶用於接收為薄家轉移資產後獲得的酬傭，是海伍德的最大宗收入來源。而他在中國的賬戶，則只是存入他在北京從事商業活動時賺取的「小錢」，並用這些錢來應付日常的生活開銷。王露露知道並且能夠掌握的，也只有這一部分收入。

隨著海伍德的死亡，他在英國賬戶的大筆存款也成為一宗謎案。但是如果英國政府介入調查，應該是完全可以找到海伍德名下的銀行賬戶的，屆時賬戶內錢作為遺產劃分，妻子王露露和一雙子女自然應該是最大受益人。所以，王露露目前生活陷入困境應該也只能是暫時的。況且，折合為幾萬英鎊的可動用存款，至少可以幫她應付幾年的開銷。

不過，海伍德從未向王露露透露過自己的秘密帳戶，則為這對夫婦關係的真正內幕又劃上了一個巨大問號。雖然外界一致公認海伍德既愛妻子，又疼愛子女，但不向妻子透露自己的巨額「私房錢」則說明他還留了一手。

海伍德陰魂不散

美國《華爾街日報》二零一二年四月十二日爆料說，海伍德在二零一一年十一月突然被薄家人的代表要求緊急到重慶會面，他當時有一種大禍臨頭的預感，心中非常恐懼，感覺到自己「有麻煩」了。所以便作了一些准備。其中包括把薄家在海外投資的詳細資料，交由英國的律師保管，作為「保險」。

但是，時至今日，這份作為「保險」的資料文件仍然沒有出現。有媒體曾經向海伍德在英國的家人打探，但他的家人不願對律師保管薄家海外投資資料作任何評論，海伍德的會計師和其他友人則表示海伍德從未和他們提及此事。但是，從海伍德的做事風格來看，他應該確實存有這樣一套秘密資料文件。在他死前接受委托保管這些文件的人士，目前還沒有公布這些文件，只能說明公布的時機未到。而未來這些文件一旦被公開，勢必又會有一場大大的轟動。

英國政府這次在海伍德之死的問題上扮演的角色，讓人感到有些摸不著頭腦。英國官方開始時似乎只想息事甯人，讓事件盡快悄悄了結就算了；但在中國媒體爆出海伍德是死於他殺之後，官方在反對黨的壓力下，被迫表態關注事態發展；隨後又借政治局常委李長春訪問英國之機，感謝中國重新調查海伍德命案。態度可以說是一變再變。

其實，英國官方態度的變化完全取決於對海伍德間諜身份的認定。最初，英國根據海伍德曾經任職於情報委員會的經歷、以及軍情六處從海伍德手裏拿到的情報認定，海伍德是英國的一名情報人員。依照國際慣例，自己的情報人員死在其他國家，官方絕不能大肆張揚，只能默認吃個啞巴虧。否則就會被指責對對方從事間諜活動，而影響到兩國關係。因此，海伍德死訊傳來，英國官方、特別是英國駐重慶領事館都相當低調。

但是在中國自己因為懷疑海伍德被謀殺而逮捕谷開來、張曉軍之後，英國官方不得不作樣子表示關注，但實際上還是因為間諜這個禁忌而不敢大張旗鼓。後來，英國所有情報機構查實，海伍德不屬於在冊情報人員之後，英國官方的態度才開始轉硬，要求中國作出認真調查，並隨時向英方通報。

不過，軍情六處連續收到的幾分來自於海伍德的涉及中共高層機密的情報，又說明海伍德至少是情報販子，在中國作了刺探國家機密這樣的違法行為。因此，英國官方的態度又有所軟化，開始感謝中方對命案重新調查。也就是說，海伍德間諜身份的認定到否定到再認定，成為主導英國政府態度的關鍵。

不過，接近海伍德的朋友都相信海伍德根本不是什麼間諜。他的灰色二手捷豹汽車車牌號碼是「N007W3」。他的朋友說，海伍德十分喜愛詹姆斯·邦德（James Bond）系列特工電影以及古董跑車，因此才特地向北京交管局申請了「零零七」的車牌。海伍德的母親和姐姐也曾經駁斥英國媒體指海伍德是英國特務的說法。而另外一個海伍德家的友人則認為，媒體將「零零七」車牌和間諜身份作聯想十分可笑：「哪個間諜會在自己的臉上刻上『零零七』三個字？」

而同時，海伍德這種似是而非、朦朦朧朧的間諜身份也給他的妻子王露露帶來了不確定的命運。在海伍德命案被披露後，英國媒體記者曾經在第一時間趕到王露露位於北京順義的住宅，采訪王露露。在采訪中，王露露當時堅稱火化海伍德遺體是她的「自主決定」，沒有受到任何人的脅迫，但是卻邊說邊哭，神情與表達的內容完全不符合。

當時，王露露是站在居所的外面接受采訪的。她對不能公開談論丈夫的遭遇表示「歉意」，不過她說她感到非常「悲痛」，而且，她不願意談這件在中國政壇引起巨大震蕩的事件。但是隨後不久，王露露便接到了警方的警告，要她不要接受外界采訪。從此，王露露便再也沒有在媒體面前出現過。

她的一位親密朋友接受英國廣播公司采訪時說，王露露受到「痛苦煎熬」，特別是，她還要自己養育兩個孩子：「王露露

海伍德十分喜愛詹姆斯・邦德(James Bond)

現在非常痛苦，所以請理解她，因為她剛剛失去自己的丈夫。」這位朋友說：「露露現在非常不容易，因為她要帶大兩個孩子。」這位朋友就住在王露露家附近。他說，露露也許將來會願意談這段遭遇。

有記者在王露露所住的那個豪華別墅區內看到，海伍德那輛貼著英國米字旗的捷豹汽車還停放在別墅院子裏，旁邊停放著三輛自行車。院子的保安要求試圖接近王露露的媒體記者立刻離開王露露家。

由於中國警方現在已經對海伍德命案正式展開了調查，作為死者的妻子，王露露在調查期間不能離開中國。但她的朋友透露，王露露擔心害死他丈夫的凶手有可能追殺她和孩子。因此，她已經向英國大使館求助，要求取得簽證往英國。而英國駐華大使則在二零一二年四月十二日高調會晤了王露露。意在通過這種會晤讓可能會威脅王露露的人知難而退。就在這次會晤之後，英國政府指示英國駐北京大使館，一旦獲得中國警方的離境許可，便立即協助海伍德的中國遺孀王露露及其子女前往英國。

第十三章

薄不厚護妻枉王法

谷開來訣別薄熙來

薄熙來護妻是條漢子

二零一二年三月十日，薄熙來在兩會期間的「重慶代表團開放日」公開回答記者提問。這是他被撤職之前最後一次面對記者，也許他自己已經很清楚未來的命運。因此，在這次記者會上，他抓住機會高調維護老婆谷開來：「妻子早就是司法部認可的律師，原在大連開設律師事務所也很成功，後來怕外界造謠，廿年前就全關了。現在就幾乎在家裡做些家務，我對她做出的犧牲很感動。」

薄熙來的這一番「護妻宣言」是帶有明顯針對性的，針對的目標就是周圍要求立即切割與谷開來關系的呼聲。因為此時，他已經明確知道，谷開來涉嫌主謀殺害了海伍德，而他作為有可能在十八大上晉升常委的人選，如果迅速切割同谷開來的關系，爭取自保應該還是沒有問題的。因為他畢竟沒有參與謀殺海伍德的事情，事先也毫不知情。但是，血氣方剛的薄熙來此時表現得確實像條漢子，他沒有在此時和老婆劃清界限，反而不顧一切地選擇和老婆站在一起，同生同死。

薄熙來能夠做到這一點，許多人都沒有想到。最沒有想到的人當屬王立軍。

王立軍對中央專案組說，他本來認為薄熙來在得知老婆涉嫌殺人後，會堅守法律底線，指示秉公調查，因為這是涉及人命的大案，而且死者還是外國人。但萬沒想到，薄熙來在第一時間要求王立軍不計代價，以一切可以動用的手段將事件「擺平」，要刑偵處不再追查此案。王立軍對中紀委調查人員說，薄熙來的第一反應使他甚至懷疑，薄熙來事先對案件完全知情。

王立軍知道，薄熙來不可能事先知道謀殺計劃，否則他可能會出手阻止。因為這會毀掉他的政治生命。王立軍認為，薄熙來當時其實可以有兩種選擇，第一是立即和谷開來劃清界線，指示依法辦理；第二是在明處表示尊重法律，暗裏利用一切手段為谷開來減罪減刑。但是，萬沒想到，他卻毫無任何原則地維護老婆，並強行要王立軍把事件「擺平」。感到十分意外的王立軍在第一時間拒絕了薄熙來的要求，並請他慎重考慮。

薄熙來作出「護妻宣言」

但薄熙來大發雷霆，對他破口大罵，還說「我能夠把你提拔成副市長，也可以讓你一夜間什麼也不是。」

轉天，薄熙來就召集市委常委會，免去了王立軍公安局長的職務，並且動手抓了王立軍身邊的十幾個人，其中既包括王立軍的秘書與司機，也包括市公安局的幾名辦案人員和主管處長。意圖十分明顯：就是要封住所有知情者的嘴，確保谷開來平安無事。

有外國網站披露，薄妻谷開來另涉嫌多宗命案，其中包括前大連副市長袁憲千女兒的死亡懸案，傳言指當時主政大連的薄曾下令禁止傳媒報道。而有評論說，谷開來猶如法國詩人波德萊爾所寫的《惡之花》，色艷而冷，綻開在地獄邊緣。又指谷在年輕時因父母被當局關押，養成多疑和霸道性格，當丈夫薄熙來任重慶市委書記後谷變得殘忍及殺戮。

更有報道說二零零二年五月的那次導致一百多人喪生的大連空難，背後也有薄熙來的影子，傳說他是為了打擊政敵，不惜要一百多人陪葬。如果調查結果顯示，事實確實如此，那麼可以認定，薄熙來與谷開來一樣，生性冷酷無情。但是，這對魔鬼夫婦之間的感情卻相當牢固。

三家臣赴渝要保王立軍

薄熙來為了保護老婆谷開來，決計懲罰不聽話的「馬仔」王立軍。王立軍則從多方面考慮，希望薄熙來收回成命，重新考慮自己的決定，並且希望繼續保持與薄熙來的關系。因此，他悄悄聯絡了屬於薄熙來「家臣」的三員大將，請他們緊急出馬，勸說薄熙來。這三位在薄熙來那裏說話有份量的「家臣」分別是：大連實德董事長徐明、前軍情系統人員于俊世、華彙人壽董事局主席馬彪。

徐明等薄家三大臣於二零一二年二月二日左右從大連來到重慶，為王立軍向薄熙來求情。他們曉以利害，求薄熙來放

徐明想設法說合薄熙來和王立軍

王立軍一馬，不要逼得王立軍無路可走。但是，固執的薄熙來不為所動。他認定王立軍是叛徒，必須要受到「家法」制裁。薄熙來當時對三位曾經為薄家立下過汗馬功勞的老朋友說，不是他薄熙來不講情面，而是王立軍早就懷有二心，他竟然在中紀委找他調查時背叛自己，答應中紀委提供過去幾年有關自己私下與他和其他朋友談話的記錄。不僅如此，他還試圖向自己隱瞞此事。這是無論如何不能容忍的。

按照薄熙來的說法，他不相信谷開來會夥同張曉軍殺死海伍德。他認為，王立軍拿到的那些所謂證據，完全有可能是政敵的陷害。因為他發現，自從他依靠「唱紅打黑」迅速上位之後，已經成為許多政敵的眼中釘、肉中刺。不但有人公開站出來反對他，更有人不動聲色地在暗中要搞垮他。

薄熙來舉出重慶市委常委兼政法委書記劉光磊，說他一直暗中受中紀委書記賀國強的指使，搜集自己的「黑材料」。其實，這劉光磊在薄熙來主政時期頗為低調，由於他不肯拜在薄熙來門下，因此已經被薄熙來架空。這些年來，他明裏對王立軍發動的打黑運動仍頗為支持，顯得不溫不火中規中矩。但暗裏，劉光磊卻建立了一只直接聽命北京的團隊，而因其政法委書記的身份，也能獲得體制中公檢法內部人士的效忠和配合。數年來，他直接向中紀委提供了重慶的內部動態，導致中紀委展開了對王立軍的調查。薄熙來相信，中紀委調查王立軍，真正矛頭是對著自己的。

根據官方的公開信息，劉光磊是貴州出身的幹部，曾任威甯縣委書記、畢節地區農經委主任、黔東南州委書記，二零零五年升任貴州省委常委兼公安廳長，而在上個世紀八十年代，胡錦濤曾主政貴州多年，頗有根基。因此，劉光磊又被視為是胡錦濤的人馬，具有「通天」的能力。二零零六年底，中共十七大召開前，劉光磊調任重慶，出任市委常委、政法委書記兼公安局長。當時的市委書記還是汪洋，兩人處得關系不錯。如今汪洋行情看漲，晉升常委已經確定無疑。而且，這汪洋又被公認為是薄熙來的政敵。因此，薄熙來認為劉光磊有多方面理由與

劉光磊

自己作對。

薄熙來到重慶履新未幾，就從遼甯調來了王立軍，任公安局黨委書記兼副局長，開始了打黑運動，先將公安局副局長文強調任司法局長，後來重慶發生解放軍哨兵被槍殺事件。此後，劉光磊的公安局長職務就交給了王立軍，只保留了市委常委和政法委書記之職。而長期擔任重慶公安局常務副局長，實際主持公安業務的文強則被指是黑社會保護傘，判處死刑。

薄熙來表示，這個王立軍「叛變」的證據之一，就是暗中接受劉光磊的指示，通過劉光磊向中紀委提供對自己不利的消息及證據。他們之間見面密談的情況已經被自己的眼線探到。薄熙來表示，不懲罰王立軍，自己遲早會被他所害。所以，他向三位「家臣」披露了自己的打算。按照薄熙來的說法，他會再給王立軍一次機會，看看他是不是改過自新。所以，會保留他的副市長職務，但是卻沒有實權。如果他願意回心轉意，未來會考慮重新任用他。但是如果他決心繼續與中紀委合作，同自己對抗，那麽自己絕不會手軟。

知情人士透露，除了徐明外，在薄熙來家庭的「家臣」中，最重要的人物當屬于俊世，此人出身軍情系統，後因故離職，在大連營商，曾因犯事入獄，其家人找到谷開來，被「撈」了出來，從此成為薄家忠實的近臣。據說，于俊世和薄家關系非常親近，谷開來和薄瓜瓜到重慶，都是于俊世開車去接。而王立軍此前擔任鐵嶺市公安局局長、薄熙來擔任遼甯省省長，介紹兩人認識讓王立軍成為薄熙來打手的關鍵中介人物，也正是于俊世。這于俊世在薄熙來調任重慶、但尚未上任前，就已搬家到重慶，住在重慶奥林匹克花園別墅區。當地人稱，可能于俊世的主要職責是為薄熙來的管制做情報支援。所以，他在重慶頗為低調。他在當地媒體上的唯一一次亮相，是因為他的狗咬傷了客人而引發了糾紛。

重慶當地知情者說，「二月三日晚，于俊世開車接到抵達重慶的馬彪和徐明。三人直接到重慶霧都賓館見薄熙來，談了一個多小時。後來到重慶公安局王立軍辦公室（當時王已被免去公安局長職務，只擔任副市長，但仍堅持在公安局辦公），談了一夜，天亮才出來。

三位「家臣」奔走無功，似乎很沮喪。三人在使命失敗後，因為得知薄熙來的動手日期，擔心可能會有大亂子，便急忙倉皇乘徐明私人飛機出境，到了香港，後來又轉往澳大利亞，直到二月底兩會前才返回國內，並於三月十四日溫家寶記者會後同時被捕。據說，三人在重慶期間，因為身處高層派系鬥爭的漩渦中，因此不斷更換手機，不斷轉移活動地點，不斷變換車輛，力圖隱藏行蹤。

谷開來向薄熙來坦白

薄熙來在決心懲處王立軍之前，曾經向谷開來細細盤問過究竟。他要谷開來告訴他，海伍德究竟是怎麼死的？她和張曉軍是否涉入案中？王立軍拿到的證據究竟是怎麼回事？薄熙來表示，無論發生了什麼事，你都要如實坦白地告訴我，我們一起商量對策，把事情抗過去。但是，你如果不讓我知道實情，我就沒有辦法把事情「擺平」。

薄熙來和谷開來其實是一對政治夫妻

面對丈夫關起門來的盤問，在一般人看來，谷開來應該如實說出前後經過，並且幫助薄熙來涉及應對策略。一般的妻子，此時很可能會撲到丈夫懷裏，哭訴自己的初衷，講述如何出於萬不得已才會出此下策，以求獲得丈夫對自己的諒解與寬恕。如果是這樣的話，依照薄熙來在第一時間不顧一切地保護妻子的思維方式，他應該會立即設法送妻子出境，神不知鬼不覺躲藏起來，由他自己來收拾殘局。因為他反正沒有涉案，一切都不知情，只要抓不到他送妻子出境的證據，誰也不能拿他怎麼樣。

但是，谷開來就是谷開來，是一朵真正與衆不同的「惡之花」。面對薄熙來的誠懇追問，她告訴丈夫，既然開始沒有讓你知道，那麼現在你還是不要知道為好，否則會毀了你自己。但是我可以坦白地告訴你，事情確實是我做的，就是我做的！既然一招不慎，錯看了王立軍，留下了不利的證據，那麼我自己會承擔後果。你要記住，整個事件都與你無關！

薄熙來一下跳起來，大罵谷開來糊塗，怎麼會做下這種蠢事。他指責谷開來事先不同他商量，就私自動手。谷開來告訴他，就是為了不牽連到他，才瞞著他動手的。她沒有說出與海伍德因為傭金額度產生的衝突，也沒有說出海伍德悄悄保存了十多年來資產轉移的全部資料。但是她告訴丈夫，對海伍德過於輕信了，以至於讓他了解了許多家族的核心機密。特別是薄熙來曾經多次當著海伍德的面，分析十八大的政治形勢和人事格局。而所有這些內容都被海伍德秘密出售給了英國的情報機構。谷開來告訴薄熙來，除掉海伍德的真正原因，就是因為這些情報。

薄熙來一聽，立即有些傻眼了。他知道自己那些話的爆炸性威力，這些內容如果從國外傳回國內，高層人士立即就會猜到來源。那樣一來，自己的政治前途就完全毀了。他默默無語地坐了一會兒才問妻子，是什麼時候知道海伍德出售了這些情報的？谷開來告訴他，就是在不久前才知道的。

谷開來對薄熙來坦白後，兩人頓時回到往昔

谷開來表示，得知這個消息之後心裏就立即決定了：海伍德必須死，因為不能讓他連累到你。你是薄家的最後希望，也是我們谷家的唯一希望，你不能倒下，你一定要擠上去，因為薄谷兩家需要你，中國的未來更需要你！所以，作為你的妻子，我只能自己出手了。至於具體的經過，你就不要知道了！

薄熙來說，你以為不告訴我，我難道就能夠脫離幹系嗎？愚蠢！谷開來反駁說，是你愚蠢，你聰明一世，糊塗一時。不讓你知情就是為了不影響你的仕途，既然事情敗露，你就應該一推六二五，迅速和我切割。這樣才不枉我苦心一場！可是，你卻太顧念夫妻情份，太顧念我這個老婆，竟然對一個已經知道已經變了心的王立軍要求他把事情「擺平」，結果讓王立軍拿到了可以置你於死地的證據。作為老婆，我感激你對我的一片癡情，我心裏很舒服；可作為在政壇沙場摸爬滾打這麼多年的戰友，我要說，你讓我失望了，因為你還不是真正鐵石心腸的政客，還在顧念兒女私情！就是這一念之差，你的政治前程現在已經毀了！

薄熙來徹底無語了！谷開來告訴他，目前能夠做的就是犧牲自己，保證薄熙來的平安。按照她的分析，薄熙來晉升常委的夢想應該已經徹底毀了。但是，如果自己坦然承擔一切罪責，薄熙來應該還可以平安「軟著陸」，說不定還可以混個政協副主席之類的虛職。谷開來表示，犧牲自己是她目前為薄谷兩個家族能夠做的唯一一件事了！

那天晚上，薄熙來象當初倆人偷情時那樣緊緊擁抱著身材瘦小的谷開來，他感到妻子比以前瘦了許多。他突然覺得，自己是那麼需要這個女人！

依偎在薄熙來懷裏的谷開來知道，這大概就是他與丈夫的訣別了。她楠楠細語地唠叨著：我這輩子，值了！

急電薄瓜瓜「擦屁股」

幾天之後，正在哈佛就讀的薄瓜瓜接到了媽媽打來的一

電話裏的薄瓜瓜一下子驚呆了

個電話。他急忙問起王立軍進入美國領事館的事件對父母的影響。因為此時，王立軍事件已經被媒體炒作得滿世界都知道了。而薄瓜瓜當時還並不知道海伍德死亡一事。

谷開來在電話中聲音很平靜。她告訴兒子，爸爸正在應對王立軍事件，相信能夠把這件事處理好。接著，她要兒子務必仔細聽好她下面的話，因為她不想在電話中重複。她告訴兒子，要向他交代幾件事，需要他不必問為什麽，立即照辦。接著，谷開來還是用那種平靜的聲調說了這樣幾件事：第一，從現在起，務必保持低調，不要同任何人談起自己的父母，更不要接受任何媒體的采訪；第二，關掉他手裏的幾個銀行賬號，只保留他在美國日常開銷常用的賬號，而關閉賬號時將裏面的資金轉成黃金，直接開設一個銀行保險箱存進去；第三，如果聽到爸爸媽媽的任何消息都不要驚慌失措，要保持冷靜，絕對不能返回國內探望，除非爸爸媽媽打電話要你回來，否則你一定不要回來；第四，無論發生什麼情況都要照顧好自己，保護好自己，不要任性；第五，永遠記住，爸爸媽媽是愛你的！

電話裏的薄瓜瓜一下子驚呆了，他在電話裏大叫大喊，要問媽媽究竟發生了什麼事。谷開來還是平靜地勸他不要緊張，說現在什麼事情都沒有發生，爸爸已經去北京參加兩會。但是，有些事情還是應該有思想准備。當然，如果一直無事發生則阿彌陀佛；如果有事發生，也要處變不驚。

薄瓜瓜還想要媽媽解釋一下關於銀行賬號的問題，但是谷開來說她不願意重複，因為擔心不安全，容易惹麻煩，只是要兒子按照她的話去作就是了。薄瓜瓜說，他把整個電話內容都錄了音，他會立即去作，不清楚的地方，他會再反複聽幾次錄音。谷開來很滿意，但是囑咐他要記著把錄音洗掉。

最後，她告訴兒子不要再打爸爸媽媽的電話，如果爸爸媽媽很久沒有跟他聯系，就設法同四姨谷丹聯系，四姨會告訴他爸媽的情況。最後，她要兒子多多保重，然後跟兒子說了再見。薄瓜瓜幾乎是哭著要媽媽保重，但是再見兩個字還沒有說出口，媽媽便急忙挂斷了電話。

薄瓜瓜挂斷電話之後，默默坐在那裏半天一動不動，眼裏的淚水不住地往下滾。他打開手機的錄音裝置，又仔細把媽媽剛才的布置聽了一遍，便決定立即行動，落實媽媽的指示。同時，他打電話給一位朋友，告訴對方當晚的聚會他不參加了。

這是薄瓜瓜與谷開來的最後一次通話，時間時在二零一二年三月初。幾天之後，他的媽媽被軟禁在北京家中，限制行動自由；到了三月底，谷開來便被正式逮捕。而薄瓜瓜直到四月十日，才從新華社發出的報道中得知這一消息。他還同時得知，父親薄熙來也被宣布停職。

第十四章

胡錦濤保薄枉費力

中紀委下達雙規令

胡錦濤：薄熙來的真正後台

薄熙來能夠在中國政壇上掀起這麼大的波瀾，顯然是因為北京核心決策層內有人支持他。不過究竟誰是薄熙來在中南海裏的後台，外界的諸多猜測卻多數與實際情況不符。在這些猜測中，有人說是「太上皇」江澤民，有人說是政法委書記周永康。但其實，薄熙來的真正後台不是別人，正是現任中共總書記胡錦濤。

胡錦濤在王立軍事件發生後的第一反應，便是保薄熙來平安過關。因此，他在政治局常委第一次開會討論對事件的處理意見時，曾經提出以「王立軍患有精神病」的方式，將事件淡化處理，結果遭到多數常委的反對。第二次討論事件處理方案時，胡錦濤極力強調十八大召開前「穩定第一」的意見，力爭

薄熙來的後台不是別人，正是現任中共總書記胡錦濤

「大事化小」，只撤銷薄熙來重慶市委書記一職，但繼續保留其政治局委員職務，直到十八大召開。

胡錦濤曾經在幾個不同場合表示，重慶在過去幾年發生了巨大變化，這同薄熙來的工作是分不開的；重慶的成績來之不易，即使免除了薄熙來市委書記的職務，也不能隨意否定重慶這幾年的工作方向，更不能否定已經取得的成績。

胡錦濤甚至少有地表示，王立軍私自闖入美國領事館，薄熙來作為主要領導，當然負有不可推卸的領導責任，所以才免去他的市委書記職務。但是，作為中共中央最高領導人，對重慶的工作監督不利，沒有及時細致地了解重慶的全面工作進展，特別是對一直存在爭議的王立軍沒有及時了解審查，為此，他也願意承擔一部分領導責任。

胡錦濤當時的這一表態，是將自己與薄熙來綁在了一起，以此來要挾其他政治局常委，不要繼續對薄熙來窮追猛打，從而可以保薄熙來過關。按照胡錦濤的設想，即使薄熙來因為王立軍事件最終不能在十八大上晉升政治局常委，但起碼可以到人大或政協任個閒差，確保安穩退休，而不至於被「雙規」審查，落一個與陳希同、陳良宇相同的命運。

為了實現這一目標，胡錦濤努力強調的理由之一就是要保證政局穩定。他的這一說法曾經說服了多數常委，特別是說服了同樣希望十八大之前政局穩定的習近平。因此，習近平才在常委會上提出了只終結薄熙來的政治仕途、但不「肉體消滅」的折衷處理意見。

胡錦濤何以要挺薄熙來？

在外界看來，胡錦濤和薄熙來屬於中國政壇上的兩個完全不同的派系：胡錦濤是「團派」大佬，而薄熙來則是正宗太子黨。兩個看來完全找不到交彙點的人，為什麼會結為政治同盟？其實，真正原因在於：兩人在本質上，都屬於政壇左派。其中胡錦濤是中間偏左，而薄熙來則是要複辟文革的極左派。

在胡錦濤執政期間，他一再重申「堅持四項基本原則」，強調「穩定壓倒一切」，打壓溫家寶談政改，指示吳邦國在全國人大會議上高調大談「五不搞」。但是，對於薄熙來在重慶推行的大唱紅歌卻相當欣賞。

熟悉薄熙來的人士都知道，薄熙來講話時，經常喜歡引用毛澤東的話，他心目中最為崇拜的英雄也是毛澤東。這讓人聯想到他在文革中參加紅衛兵組織「聯動」的情景。可以相信，他當年大義滅親，踢斷父親薄一波三根肋條時絕對是出於對毛澤東的崇拜與信奉。只是不知他後來如何反思這段曆史，如何面對獲得平反、重新出山的父親。

執掌重慶是薄熙來首次成為一言九鼎的封疆大吏，擁有了在重慶的絕對話語權。從而也為他實踐自己的左傾路線提供了可能。在此之前，雖然他曾擔任過遼甯省長，但他上面還有位省委書記，他那時還沒有在遼甯的最終決定權。執掌重慶之後，他本來可以以一種完全不同的方式去博人眼球，完全可以走一條類似廣東、上海那樣的施政道路。但是，骨子裏的極左本性，決定了他必然會迫不及待地去實踐一直沒有機會實踐的施政理念，那就是重返文革。

毛澤東發動文革時的一個重要法寶，就是「發動群衆」，就是利用不明真相群衆的狂熱或仇視心理，去達到自己的政治目的。薄熙來自然深知毛澤東政治手腕的精髓。於是，他以誇誇其談蒙騙民衆。那些對現實不滿的民衆自然樂於聽到薄熙來大談社會公正，大談保護底層人民的利益。這讓薄熙來看到可以最大限度地借助民意去實現自己的目標。民衆的贊揚與感激涕零更讓他又一種「人民大救星」的飄飄然的感覺。

而胡錦濤礙於總書記的身份，不好在政壇的左右之爭中明確表態支持哪一方，更不能對薄熙來頗具爭議的「唱紅打黑」公開贊揚。因此便采取了「暗挺」的方式，躲在背後支持薄熙來。

二零一零年年底，在上海召開了一次關於「重慶模式」的大型研討會，左派及右派學者全數到場。與會者把「重慶模式」概括為：追求公平、關注民生的社會變革；倡導社會新價值的「唱紅打黑」；轉變領導作風的「三進三同」，解決民眾長期上訪的「幹部大下訪」等。盡管右派學者在會上論述了「重慶模式」可能重蹈文革覆轍的危險性，但終究沒能形成主流。研討會最終成為將薄熙來的「重慶模式」理論化並加以拔高的一次吹捧會。

胡錦濤的堂弟胡錦星

值得注意的是這次會議的主辦者名叫胡錦星。查查他的來歷才知道，這位胡錦星原來是胡錦濤的堂弟，他是胡錦濤叔叔的兒子。與他一道端坐在會議主席台的還有大他一歲的哥哥胡錦華。胡錦濤的兩位堂弟共同出席「重慶模式」研討會自然意義非同尋常。原來，他們正是按照胡錦濤的授意舉辦這次研討會，目的就是要挺薄熙來的「打黑唱紅」。

對於胡錦濤的支持，薄熙來很識時務地投桃報李。他於二零一零年，正式投在了胡錦濤的門下。之後，他便樹立了這樣一個思路：在重慶，他要讓民衆記住把他們帶向幸福之路的新中國領袖是毛澤東、鄧小平、胡錦濤、薄熙來。他希望重慶市民所唱的紅歌裏，有一首新版《東方紅》，那是歌唱他薄熙來的。而曾經在位十三年的前任總書記江澤民則已經被他從曆史上抹去，因為江澤民要搞的是「資産階級自由化」。

胡錦濤要挺薄熙來的另外一個原因，就是希望利用薄熙來在未來制衡習近平。由於習近平是江澤民指定的隔代接班人，胡錦濤對此總是耿耿於懷。恰好，自命不凡的薄熙來曾經公然要同習近平爭奪「儲君」地位。他認為自己比習近平有能力，有業績，而習近平則不過是個平庸之輩。雖然胡錦濤也認為薄熙來對習近平的挑戰毫無獲勝的可能，但是卻剛好可以用他來制約習近平的權力，起到一種派系平衡的作用。

薄熙來因兩會獲得緩刑

薄熙來在倒台前之所以有獲得了在兩會上亮相這樣一個額外機會，完全是由於習近平在二零一二年二月二十日左右的政治局常委會上提出的一項「折衷方案」。

習近平之所以提出「折衷方案」、而且這一方案能夠在常委會上以壓倒多數通過，有一個重要原因，那就是每年例行的

習近平(左)和李克強(右)對薄熙來一事沒有達到共識

人大政協兩會即將在三月初舉行。如果薄熙來沒有出席會議，中央勢必要對外界有一個交待，特別是對重慶代表團要有所交待。而當時，九常委對如何處理薄熙來，意見分歧嚴重，根本無法統一口徑向外界交代。

當時，習近平曾經作過兩種不同設想。首先，他曾經考慮讓薄熙來以「請病假」的方式，不在兩會上露面。但是，胡錦濤強烈反對這個設想。其理由是，這會引起外界的廣泛猜測，搞得人心惶惶，不利於穩定大局。在此之前，胡錦濤曾經以同樣理由，在未經常委會議討論的情況下，批准薄熙來按照原定計劃在重慶會見到訪的加拿大總理哈珀，向外界顯示薄熙來地位穩定；繼而又囑咐李長春在中央電視台《新聞聯播》節目中破例播出政治局會議的消息，突出薄熙來照常與會的鏡頭。所以，薄熙來不能突然「請病假」。

習近平的第二個設想，就是在兩會之前宣布免去薄熙來重慶市委書記職務，讓張德江提前接任重慶書記，率領重慶代表團出席兩會。但這樣一來，薄熙來必然成為那些天裏各界關注的焦點，沖淡對兩會主題的關注。這個設想他曾經私下與李克強交換過意見，李克強認為不妥。

既然這兩個設想都不能實施，那就意味著只能讓薄熙來照常出席兩會，而且還要對他適當安撫，使得他能夠減輕思想壓力，在會上作出一切如常的表現。所以，習近平在他所提出的「折衷方案」中，盡可能避免使用可能刺激薄熙來的字眼，而只是強調他對事件負有不可推卸的領導責任。鑒於這一責任，他不適合繼續擔任重慶市委書記，因此決定「換將」。但是，這個方案完全沒有提及薄熙來被降級或撤職等字眼。在提到免去他重慶市委書記職務時，也只是用了「不再兼任」這樣很顧及薄熙來面子的說法。

習近平之所以在「折衷方案」中如此小心地選擇字眼，是因為他知道，盡管對薄熙來的處理決定要到兩會之後才宣布，

張德江

但薄熙來的耳目很多，而且政治局常委會內部又有他的支持者，所以相信會後不久，薄熙來就會知道會議的詳情。因此，方案內容必須保證不會讓薄熙來感到不安。

但是，習近平還是在方案中留了後路，為以後可能嚴肅處理薄熙來加了一個注解。方案說，如果在對事件的調查中沒有發現「新的重大問題」，那麼就應該將薄熙來與王立軍事件切割處理。這裏所說的「對事件的調查」指的是中央專案組正在對王立軍事件進行的調查。而當時，習近平已經得知了王立軍關於谷開來、薄熙來卷入英國人海伍德命案的供詞。如果供詞查實，那麼當然就應該是「新的重大問題」了，而且還是前所未有過「重大問題」。

江澤民拒聽求援電

薄熙來在谷開來親口向他承認是自己謀殺了海伍德之後，曾經感到了一種絕望。雖然他在決定全力保護妻子時，有過陪妻子一道坐牢的念頭，但是具有賭徒性格的他卻不甘心就這樣結束自己的政治生命。

如果時光可以倒轉到事件發生之前，不知道薄熙來是否還會作出同樣的反應，是否還會因為王立軍「擺不平」或者不想擺平海伍德命案而勃然大怒，立即免去了他的公安局長職務，從而刺激王立軍決定魚死網破，進入美國領事館，造出了轟動世界的特殊效果，並最終導致薄熙來仕途的終結。

事實證明，薄熙來事後已經有些後悔了，尤其是在那天晚上與谷開來一夕長談之後，他認為妻子指責他「不是個能夠狠下心來的政客」的說法是對的。他後悔自己當時沒有能夠克制，沒有能夠冷靜，沒有能夠為了晉升政治局常委而再演一場「大義滅親」。自從上個世紀八十年代他開始踏入仕途以來，這次他是第一次感到了恐懼。因為他是在距離目標這麼近的時候跌倒了，是在本來可以平安無事的時候出事了。

於是，他想到了父親薄一波臨終前遺言中交代給他的錦

江澤民列在薄熙來求援名單的第一位

囊妙計：求援。

薄一波在臨終曾經留給兒子一番遺言，大意是講：他如果想在仕途上再上層樓，就必須要改改火爆脾氣，必須能夠忍受，必須學會克制。深知兒子的薄一波或許已經預見到這個從不省油的兒子遲早會惹下一場大禍。所以他告訴兒子，到了萬不得已的最後關頭可以去找兩個人求援。這兩個人一個是江澤民，另外一個便是胡錦濤。

而到了當時那種局面，薄熙來很清楚胡錦濤已經不可能再出面保他了。因此，求援的對象便只剩下江澤民一個人。

一九八九年六四天安門事件後，薄一波等元老協助鄧小平穩住政局，並在一九九二年中共十四大前，幫助時任中共總書記的江澤民擺平陳希同（北京市委書記）、楊白冰（國家主席楊尚昆的弟弟、中央軍委秘書長）等政治對手。江澤民為了在十五大上逼退喬石，由當時八大元老唯一尚存的薄一波向喬石施壓，換取江澤民照顧其子薄熙來的仕途。一九九七年中共十五大閉幕之際，薄一波代表中共元老充分肯定以江澤民為核心的中共第三代領導集體，江澤民自然對薄一波懷有感激之情。

為了報答薄一波的幫助，江澤民曾經向薄一波問起，有什麼事情需要幫助。薄一波只提出一個要求，就是幫助薄熙來在仕途上晉升。江澤民一口答應下來。從那時起，江澤民便開始注意時任大連市長的薄熙來，並且一路把他提拔為遼甯省長、商務部長、重慶市委書記，而且因此成為政治局委員。

按照薄一波的算盤，江澤民既然欠下自己一份大大的人情，他就應該在關鍵時刻出手拉兒子一把。所以，他把江澤民列在兒子求援名單的第一位。但兒子比江澤民年輕整整二十歲，仕途之路還很長，而江澤民可能沒有幾年就不在人世了。所以，還要有一個第二人選作為後備，這個人選就是只比兒子小七歲的胡錦濤。在薄一波看來，自己也是有恩於胡錦濤的。因為當初鄧小平確定胡錦濤作為隔代接班人時，曾經私下征求過薄一波的意見，薄一波當時表示全力支持。

薄一波的遺言其實還有一層含義，那就是要兒子不到「萬不得已」，不要向兩人開口求援，而只有到了生死攸關的時刻才能開口。否則，求援就不大可能收到積極回應。但他哪裏知道，官迷心切的薄熙來為了能夠晉升政治局常委，已經向江澤民開過一次口，但是卻遭到了拒絕。

二零一二年二月九日，在胡錦濤主持召開政治局常委會議、確定了嚴肅處理事件的方針之後，消息靈通的薄熙來立即得知了會議的結論和相關細節，包括每名常委在會議上的表態等。他感到大勢已去。而在此之前，他還抱有一線希望，希望憑借自己已經向胡錦濤俯首稱臣、憑借自己同周永康的特殊關係、憑借多數政治局常委認同自己的左傾執政理念，自己這次說不定可以僥幸過關，甚至還夢想自己晉升常委的仕途可能不會受到影響。但是，他很快知道自己又一次打錯了算盤。這樣一來，他便只剩下最後一條路：向江澤民求救！

在父親薄一波去世後，薄熙來一直沒有同江澤民直接聯系過。兩人需要聯系時，總是由一位中間人轉達。當年薄熙來進入政治局之後，江澤民在他前往重慶赴任前就是托中間人轉告薄熙來，能夠給予的幫助到此為止，以後要他自己好自為之。但這一次，事情萬分緊急。薄熙來顧不得多想，便打破慣例，直接給江澤民打了電話。接電話的是江澤民的秘書。這位秘書在問清來電者是薄熙來之後，立即客氣地告訴他江澤民病在床上，正在接受治療，不方便聽電話，請他說明來電緣由，自己會向江澤民轉述。

薄熙來知道自己大概不可能與江澤民本人通話了，便只能請江澤民的秘書轉告，希望江主席出面給政治局常委作作工作，請他們能夠原諒自己把王立軍撤職的魯莽，再給自己一個改正錯誤的機會。大約只過了半個小時，江澤民的秘書十分客氣地給薄熙來回電，說是已經向首長轉述了他的來電，首長請我轉告您，希望您能夠服從政治局常委會的決定，積極配合中央完成對事件的調查。屆時，相信中央會通盤考慮，作出適當的決定。

薄熙來明白了，江澤民是故意不接聽自己的電話，更無意出手相助。根據自己所掌握的政治局常委會議詳情，他甚至開始懷疑，就是江澤民本人提議對事件要嚴肅處理。有一點是確定無疑的：自己已經被江澤民徹底拋棄了。

溫家寶：特赦王立軍

總理溫家寶是這次「倒薄」的主力軍之一。他在王立軍事件發生之後，便力主要按照黨紀國法嚴懲無法無天的薄熙來。如果按照溫家寶的意願，他不會在已經決定要將薄熙來撤職後，還要他到人大政協兩會上去作最後一番表演。溫家寶的這一態度，薄熙來當然已經早已獲得了線報。

因此，他在人大會上溫家寶作《政府工作報告》時心不在焉。除了是為自己和妻子谷開來的命運擔憂之外，另外一個原因就是他從來就看不起既沒有顯赫家勢淵源、管治上又「軟弱無能」的總理溫家寶。

據現場記者近距離觀察，二零一二年三月五日早九點，全國人大開幕式主席台上約一百七十名主席團成員中，薄熙來是唯一一個將溫家寶的總理工作報告置諸不理，長時間放在桌面一側的人。相反，主席台上其他的所有代表，即使未必聚精匯神看報告，也都無一例外地將報告翻開攤放在桌面上。

當天，薄熙來略顯倦容，一再在主席台上打呵欠，表現得心不在焉。全程只跟鄰座的軍委副主席徐才厚聊了兩句，其余時間要不自顧自做自己的事，要不就眼望前方發呆。溫家寶宣讀報告後，要繞過薄熙來的位子返回原座位。這時，溫家寶轉身迎面走來，薄熙來緩緩將空洞的目光轉到左前方，臉上毫無表情。而溫家寶則從其右側走過，這樣一來，兩人的目光始終未曾交錯。

薄熙來在參加兩會時哈欠連天

在接下來的三月十四日總理記者會上，溫家寶在回答記者關於王立軍事件的問題時，講了「現任重慶市委和市政府必須反思，並認真從王立軍事件中吸取教訓」的重話。其實，這段話是政治局常委在決定免去薄熙來重慶市委書記職務時，討論通過的一個對外發言口徑。但是溫家寶在最後所說的那段關於不能讓文革複辟的話，則是他自己現場的即興發揮。那段話反映出他同薄熙來在意識形態領域的根本分歧。這種分歧其實是造成溫家寶一直反感薄熙來的根本原因。

薄熙來自然深知溫家寶對自己的厭惡，所以早就動手在溫家寶身邊安插了「眼線」，監視溫家寶的舉動。當時薄熙來因為要與李克強爭奪總理的繼任人選，所以希望打探溫家寶的態度與做法。總理夢落空後，他仍然全力爭取晉升政治局常委。所以仍然需要了解溫家寶的態度。就在薄熙來被免職後，官方媒體證實總理溫家寶的侍衛長換人，專責溫家寶警衛工作的中共中央辦公廳警衛局副局長李潤田去職，由另外一位副局長王慶接手。官方沒有說明李潤田去職的原因。但有內部消息說，李潤田與薄熙來關系密切，懷疑他就是薄熙來在溫家寶身邊的「眼線」，一直向薄熙來出賣溫家寶及中南海高層的動向。

李潤田多年來，一直以中辦警衛局副局長的身份跟隨溫家寶到外地視察，三月九日兩會期間，他還曾陪同溫家寶參加廣西代表團的討論。但據《福建日報》報道，四月二日至三日溫家寶視察泉州、莆田、福州等地時，李潤田的職位已經改由王慶取代。中辦警衛局被視為是「中南海禁衛軍」，主要負責政治局、全國人大、政協領導人和來訪重要外賓的安全工作。政治局九名常委的前五位，每人相應配有一位副局長，專責安全保衛。

溫家寶與薄熙來的公開對立，是從薄熙來入主山城之後開始的。其根本原因是，溫家寶非常反感薄熙來在重慶推行的左傾路線，認為他的「唱紅打黑」是複辟文革；樹立他個人的「薄青天」形象，則是試圖建立「薄氏」封建王朝。

溫家寶與薄熙來從開始就公開對立

二零一一年四月二十三日，溫家寶曾極為罕見地偕同夫人張培莉在中南海紫光閣總理辦公室，單獨會見了已經八十五歲的前港區人大代表、被視為是香港老一輩愛國人士象征的吳康民夫婦。

按照中共多年來的慣例，安排這類罕見的活動一般都有某種宣示意味，傳達某種信息：或者要顯示支持某個人或某派勢力，或者是對某個事件及某個問題進行間接表態。吳康民在會見後是這樣對媒體表示的：「會面期間的話題廣泛，當中不少是話家常，包括對人生及家庭的看法，並無集中個別議題討論。期間，提及國內仍面對封建制度的『殘余』和文化大革命的『遺毒』的影響。」

正是這最後一句話，才是溫家寶希望借吳康民之口向外界表達的。溫家寶認為，中國目前面臨兩個主要問題：一是幾千年封建制度的「殘余」，二是文化大革命的「遺毒」。其中文革「遺毒」毫無疑問指的正是當今重慶滿街紅旗招展的「唱紅」。在溫家寶看來，這無疑是要開歷史倒車，把中國社會重新拉回到四十年前的文革時期。從吳康民的敘述來看，溫家寶對薄熙來的「唱紅」顯然是非常反感，甚至可以說是深惡痛絕。溫家寶正是要借這次會見，通過海外媒體，來傳達自己對「唱紅打黑」的看法。

因此可以說，溫家寶與薄熙來之爭是一場實實在在的兩條路線之爭。所以，溫家寶從一開始就公開反對薄熙來在十八大上晉升政治局常委，擔心他會利用常委的特殊地位，把「唱紅打黑」推向全國，把中國拉向倒退。因此，在政治局常委討論對王立軍、薄熙來的處理意見時，溫家寶主張輕判王立軍，重判薄熙來。

在王立軍、薄熙來、谷開來事件發生後不斷向媒體「爆料」

「民間思想家」王康

的所謂「民間思想家」王康認為，王立軍進入美國領館，從客觀上講，具有正面意義，因為王立軍後來揭露了薄熙來夫婦的問題。

曾跟薄熙來之父薄一波有一面之交的王康說，薄熙來進入常委的道路是通暢的，可是偏偏歷史開了這麼一個玩笑，他夫人介入到一個故意殺人案中。薄熙來本應安撫好負責此案調查的王立軍，他卻立即免去了王立軍的公安局長職務，把王立軍推到自己的對立面，使他感到性命不保，最後只好一走了之。

在他看來，是王立軍的出走導致了薄熙來的垮台，所以王立軍是有功的：「否則，如果讓薄熙來進入常委會，甚至進入黨和國家最重要的領導崗位上，中國真有可能發生第二次文化大革命，腥風血雨都是難以避免。」王康說，薄熙來開口毛主席長，閉口毛主席短，是個言必稱毛澤東的人，他被趕下台「扭轉了中國危險的道路，真是人民大幸，國家大幸，也是共產黨的大幸。在這個意義上，王立軍正面地影響了中國的曆史進程。我相信，將來中央領導人會持和我一樣的看法。如果他們有這種看法，王立軍應該得到特赦。」

王康的評論很直接了當，但溫家寶在政治局常委會上的表態則要含蓄得多。可能他會認同王康的觀點，希望特赦王立軍。但是他很清楚，身為副市長的王立軍私闖美國領事館畢竟是踩了中共劃定的「紅線」。所以，即使王立軍在美國領事館內除了揭發出谷開來、薄熙來卷入海伍德命案之外，並沒有任何其他「泄露國家機密」的行為，他也仍然會受到黨紀處罰。因此，他的說法是「輕判」。

常委會決議：雙規薄熙來

曾經希望保下薄熙來的胡錦濤，隨著海伍德命案的爆出，

中紀委書記賀國強

便意識到了問題的嚴重性。他知道，既然已經觸犯刑律，就算自己再想保薄熙來也是保不住了。因此，他在收到賀國強有關對王立軍專案審查的情況通報第二天，也就是二零一二年四月九日，再次召集了政治局常委會議，根據新情況討論對薄熙來的處理。這是自從王立軍進入美國領事館事件發生後，政治局常委第三次就如何處理事件舉行專門會議。

會議首先由賀國強介紹王立軍的招供情況，以及專案組就王立軍的關於谷開來涉嫌作為殺害海伍德主謀的供詞所作的取證調查。賀國強表示，在三月下旬的常委會議上，常委們曾經表決通過決議，如果對王立軍的調查沒有發現薄熙來的新問題，便切割處理王立軍私入美國領事館以及薄熙來的領導責任問題。但現在顯然是發現了新問題，而且是前所未有的政治局委員涉及重大刑事案件問題。因此，他建議常委會重新討論對薄熙來的處理意見。

賀國強的發言結束後，胡錦濤立即表示，支持賀國強的建議。他表示，薄熙來如此無法無天，是他沒有預料到的。應該立即按照相關程序對薄熙來展開調查，並在調查取得進展後移交檢察院起訴，追究法律責任。他並且建議立即撤銷薄熙來的一切職務。

一直主張「嚴辦」薄熙來的溫家寶發言表示，支持胡錦濤的建議。鑒於薄熙來問題已經引起國內外的廣泛關注，建議在常委會作出決定後，立即向外界公布對薄熙來的處理決定，並且以前所未有的透明程度隨時向外界通報薄熙來案件的處理進程。

其他常委也都相繼表態支持胡錦濤、溫家寶的意見。而一向主張嚴肅處理薄熙來問題的李克強最後發言。他意外地從法律角度對薄熙來的行為作了一些說明。他表示，根據賀國強的通報，薄熙來沒有參與謀殺海伍德，但在事後卻為妻子谷開來遮掩犯罪事實。但目前還不能確切斷定薄熙來犯有窩藏包庇罪，還需要切實的「鐵證」；而且上次常委會既然已經確定切割

中紀委副書記何勇

處理王立軍和薄熙來事件，況且現在還不能百分之百確定涉嫌刑事罪案，因此在宣布處理決定時，還是應該留有余地，顯示中央對問題的處理十分慎重，是堅持了「以事實為依據，以法律為准繩」的原則。所以，李克強建議，在關於薄熙來的處理決定中，暫時不使用「撤銷職務」這類字眼，而以「停止職務」來替代。當以後調查深入，有了新的證據後，再作進一步處理，包括可能的「撤銷黨內外一切職務」以及「開除黨籍」等。

主持會議的胡錦濤立即表態支持李克強的意見，其他幾位常委也表示沒有異議。於是，常委會的決定正式通過。根據常委分工，由李長春安排新華社第二天，也就是四月十日發出通稿，中央電視台在當晚的《新聞聯播》節目同時播出了關於對薄熙來停職處理、由中紀委展開調查，以及谷開來、張曉軍涉嫌殺人、逮捕調查的兩項決定。

就在政治局常委會議結束的當天下午，中紀委副書記何勇及中組部副部長張紀南來到薄熙來在北京的住所。他們通知薄熙來，要他到人民大會堂開一個會。早已作好思想准備薄熙來知道，自己從此將會失去自由了。他對來人要求給自己的親屬們打幾個電話，但發現所有的線路都已經被切斷。他對何勇等官員們說，「對這一刻，我早有准備，但它的到來仍讓我感到吃驚。」

在他被何勇等人帶走前，他對自己的家庭服務人員說：「我先走了，你們都要保重好自己。你們必須相信歷史，相信黨中央。」隨後，薄熙來就被帶進了停在門口的汽車。在人民大會堂裏，他見到了中紀委書記賀國強、中央組織部部長李源潮、以及胡錦濤的「大管家」中央辦公廳主任令計劃。

盡管薄熙來與在場的三位高官共事多年、十分熟悉，但這次見面卻沒有任何握手寒暄之類的見面禮節。三位高官都是一臉嚴肅地站在那裏，面對迎面走來的薄熙來。待他站定之後，賀國強先開口說，政治局常委會決定對你實行雙規審查，請李源潮同志向你宣布政治局常委會的決定。接著，李源潮毫無表情地宣讀了一份文件，內容包括停止薄熙來中共中央政治局委員、中央委員的職務，接受調查。李源潮還告訴薄熙來，他的妻子谷開來、勤務秘書張曉軍已經被正式逮捕。

薄熙來的反應很平靜，他表示接受中央的決定：「但我只相信事實。」隨後，就被帶走了。

隨著薄熙來的倒台，大約五十多名他的黨羽也相繼在重慶、大連、北京等地被捕。

張曉軍死刑，谷開來死緩

谷開來被逮捕的消息是由中國官方新華社對外發布的，這也是到目前為止，中國官方所發布的關於谷開來、張曉軍涉嫌殺害海伍德的唯一一條消息，

這條發布於二零一二年四月十日的消息說：「記者從有關部門獲悉，二月六日（重慶前副市長）王立軍私自進入美國駐成都總領事館滯留事件發生後，對王立軍反映的二零一一年十一

月十五日英國公民尼爾•伍德（注：即海伍德）在重慶被發現死亡一案，公安機關高度重視，專門成立了覆查組，本著實事求是的態度，依法進行了覆查。據調查，薄谷開來（薄熙來同志妻子）及其子同尼爾•伍德過去關係良好，後因經濟利益問題產生矛盾並不斷激化。經覆查，現有證據證明尼爾•伍德死於他殺，薄谷開來和張曉軍（薄家勤務人員）有重大作案嫌疑。薄谷開來、張曉軍涉嫌故意殺人犯罪，已經移送司法機關。」

在這條由中國官方字斟句酌之後才公布的消息中，谷開來與張曉軍已經被明確判定具有殺害海伍德的重大作案嫌疑。按照中共辦案的一般規律，既然官方已經定性，那麼法庭審判也就不過是走個過場罷了。由於中國沒有西方的那種陪審員制度，被告是否有罪完全是由法官說了算，換句話說，是由法官的領導說了算。因此，可以想見，除非是有奇迹出現，否則谷開來、張曉軍都會被判「殺人罪名成立」。

因此，外界並不關心他們的罪名是否成立，而是關心他們的判刑。根據中國「殺人償命」的刑法，如果罪名成立，那麼兩名被告都會毫無例外地被判處死刑。

從外界目前掌握的情況看，谷開來雖然是謀殺案的主謀，但她在案發時確實不在現場。僅憑這一點，就可以為此案最終的判決結果提供無限的變局。而各種變局的關鍵還是取決於

夫妻雙雙風光的日子宣告結束

最高領導人是不是打算要了谷開來的命。雖然谷開來被捕之後，無論是官方的新華社，還是《人民日報》都相繼發出評論，強調「法律面前人人平等」、「王子犯法與庶民同罪」，但是真正的決定權卻不在法院，而在中共中央政治局。原因就在於，這個刑事案件太特殊了，牽扯的面太廣了，不但涉及國內政局走向，而且還牽扯到國際關系。

本書前邊已經敘述過，作為薄家「最忠實家奴」的張曉軍，在得知海伍德有可能毀掉「二哥」薄熙來的政治前途時，第一反應就是要「宰了這小子」。當谷開來向他布置暗殺計劃時，他也曾毫不猶豫地表示，為了薄家的利益，願意去幹任何事，其中包括如果事件敗露，由自己出面頂罪。

如今，事情真的敗露了，而且牽扯到了他的女主子谷開來。依照張曉軍的仗義性格，他肯定會毫不猶豫地一人把責任抗下來。在他同谷開來策劃暗殺計劃時，谷開來應該早就已經為他設計好了一旦需要他頂罪時的一整套說法。按照那套說法，谷開來可以被洗清幹系，至少是可以減少幹系。如果事件的發展確實是朝這個方向走了，那就是說，如果當局不打算要了谷開來的命，也可以有一套基本可以說得過去的理由。

對於政治局常委會這個決策核心來說，殺谷開來所要面對的，不但是她的父親谷景生這位開國將軍的家族，更要面對勢力及影響力都要大很多的薄一波家族，面對薄熙來背後所代表的整個中國的左翼陣營。即將退休的胡錦濤也許不想作個惡人，不想在退休之後遭人指責為「斬盡殺絕」。他很有可能會要求「刀下留人」，對谷開來不作「肉體消滅」，而任由她老死獄中；他的接班人習近平更是個不主張對人實行「肉體消滅」的「老好人」。如果能夠找到一套說得過去的理由，讓谷開來免死。習近平肯定不會贊成殺掉她。

但是，無論是作什麼選擇，張曉軍這個從最初就被確定了「替死鬼」命運的家奴，都會毫無疑問地被送上刑場。這個結局是從一開始就已經決定了的。如果他真的按照當初信誓旦旦向谷開來作出的保證，一人承擔全部罪責。那麼可以相信，他的家人在他死後，會得到一筆來自薄家的好處。這張曉軍至今尚未娶妻，父母仍然還在農村生活。不知他的父母在接到不知來自何方的一筆巨款時，會作何感想。

如果這個思路能夠成立，那麼其實最高當局應該已經就案件作出了判決：判處張曉軍死刑，立即執行；判處谷開來死刑，緩期兩年執行。而在兩年之後，谷開來便可以獲得減刑，改判無期徒刑，甚至有期徒刑二十年。

結束語：

在寫下本書最後一筆的時候，突然感覺到有許多內容沒有寫進去。

用於體式和篇幅所限，本書只能根據時間線索，順序地記下了究竟發生了什麼事件。但是卻沒有能夠寫出為什麼會發生這些事件，沒能挖出事件背後的深層原因，曆史的、人文的、哲學的、以及人性的。

谷開來，自然是當今中國社會的一朵「惡之花」。但是這花究竟為什麼會生成這等畸形？是家庭背景所致，還是社會背景造成，抑或是性格使然，天性如此？還有，即使到了最後關頭，她依然十分平靜地感謝丈夫、囑咐兒子，儼然一個中國傳統的賢妻良母。當聽到知情者講述這些場景時，心中總有一種說不出的滋味，不知究竟是贊歎還是惋惜！

挖掘谷開來的性格發展邏輯，剖析這個邪女子成長的深層原因恐怕只能是另外一部書的責任了。不過在寫作另外一部書時，恐怕會要先沿著本書的時間順序，寫出谷開來的命運結局。因為，到那時，她的最終命運應該已經有了定論。不知該為她祈禱，還是該對她詛咒。

近來突然聽到傳說：谷開來身患骨癌，已經來日無多。不知這消息是否可信？如果是真的，那麼不但對於她，也對於那些因為她而失去生命的人來說，也許反而是個最好的結局。